浜 矩子

強欲「奴隷国家」からの脱却

非正規労働時代をマルクスが読み解いたら

講談社+α《プラスアルファ》新書

まえがき

友常勉先生が本書に寄せてくださった解説の中に、次のくだりがある。

「私たちは資本の運動の奴隷であるが、その運動の全体を理解し、思い浮かべることができれば、それを変えていく条件を考えられるし、何よりもこの時代を生き延びることができる」

なんと勇気づけられる言葉であることか。その通りである。知ることは力。理解することは解放につながる。化け物の正体を見極めることができた時、我々は化け物の虜《とりこ》ではなくなる。この時代がどんな時代なのかを把握できた時、我々はこの時代を生き延びることができるようになる。

知り、理解し、見極め、把握するためには、助け手が必要だ。導いてくれる存在がなければ、発見の旅は進まない。そしていまこの時、我々にとってもっとも強力な助け手となってくれるのが、カール・マルクス大先生であり、彼の魂の著作、『資本論』だ。この確信が、いま、改めて圧倒的に深まっている。『資本論』は、決して読みやすくはない。マルクス先生の筆致はしつこく、時として晦渋《かいじゅう》を極める。だが、その洞察は実に深掘り的で精緻だ。そして、驚くべき普遍性を有している。先生が一九世紀の工場を語る時、そこには、今日の生産現場が労働者を奴隷化する仕組みがありありと現れ出ている。

筆者には、マルクス先生に是非お願いしたいことがある。筆者の宿敵、チーム・アホノミクスが成立させてしまった「働き方改革関連法」の正体をとことん暴いていただきたいと思うのである。大鉈《おおなた》のようにざっくり。ギロチンのようにばっさり。そして極上のメスのごとく。先生であれば、間違いなく、この構想の「働かせ方超効率化のためのたくらみ」としての本質を見抜いてくれる。この読み解きのために、先生が一時的に天国から降臨してくれることを切望する。

そんなにマルクスを復活させたいなら、近ごろはやりのＡＩマルクスをつくってあげようか。チーム・アホノミクスの周囲から、そんな声が聞こえてきそうだ。だが、そのような不気味なささやきに、我々は決して耳を傾けない。我々はそのような邪道には踏み込まず、

「資本論」のページの中に分け入っていく。そして、その中から驚異の今日的示唆《しさ》をつかみ取っていく。そして、今日的な資本の運動を理解する。本書の旅はこのような旅である。

いまは、主義なき資本の時代だ。筆者はそう考えている。グローバル化し、著しく金融化した資本は、資本主義的生産様式の枠組みさえ飛び出してしまって、野生化している。手のつけようがない暴力性を帯びるにいたっている。そう思えてならない。今日の日本の問題は、この主義なき資本が下心政治と出会ってしまっていることだ。下心政治が目指しているのは、二一世紀版大日本帝国の構築だ。そのための道具として、主義なき資本を動員しようとしている。そのための道具として、野生化した資本に最大効率をもって動いてもらおうとしている。チームアホノミクスの大将は、政権発足後の早い時期に日本を「世界で一番企業が活躍しやすい国」にすると宣言した。これこそ、野生化した資本の総動員宣言だったといえるだろう。そして、この「企業が一番活躍しやすい国としての日本」を作り上げるための手立てとして打ち出されたのが「働き方改革」構想だった。このようにとらえるべきなのだと思う。主義なき資本と下心政治が出会う時、そこにヒトがモノ化し道具化し奴隷化する暗黒世界が誕生してしまう。

この暗黒世界に、これ以上の成長を許してはならない。それを阻止するためにこそ、我々は今日的な資本の運動を徹底的に理解し、正確に思い浮かべることができるようにならなければいけない。そのためには、これも友常先生が指摘されている通り、我々は、「今日繰り広げられている金融資本のグローバルな運動や、通貨の役割を参照しなければならない」。そして、そのことは、とりもなおさず、我々が「『資本論』の未完の部分を埋め、発展させる作業にかかわっている」ことを意味しているとも、友常先生は言われている。これはとっても素敵なことだ。

「資本論」の未完の部分をどう埋めるのか。この大それた問いかけを高く差しかざし、胸にひしと掻き抱きながら、「強欲『奴隷国家』」の解体作業に挑んで行きたい。マルクス先生の鋭き眼光と圧倒的なエネルギーに背中を押されつつ。

二〇二〇年三月

浜矩子《はまのりこ》

強欲「奴隷国家」からの脱却　非正規労働時代をマルクスが読み解いたら　目次

第二章　マルクスの実像と誤解

第四章　「ソサエティ5・0」という絶望社会

第五章　行き場のない者たちの革命

強欲「奴隷国家」からの脱却　非正規労働時代をマルクスが読み解いたら

序章　非正規労働の時代のマルクス

なぜマルクスの視点が必要なのか

筆者がマルクスを語るというと意外に思われるかたもおいでになるかもしれません。なぜ本書が本書であるのか、このことをご説明申し上げたいと思い、本書ではエコノミストとしての筆者のちょっとした小史にお付き合いいただこうとしている次第です。本書の紙幅を私物化するようで大いに気が引けますが、ご理解いただければ幸いです。

たしかに筆者はマルクス経済学の研究者ではありません。何かにつけて『資本論』を参照してきたとはいえますが、本格的な研究を重ねてきたとはいえません。ですが、ここ数年は『資本論』の英語版をテキストに親しい仲間とそれなりに本格的な研究会を持つようになっています。日本と世界の今日的経済社会状況が、筆者を改めてマルクス先生に深く出会わせてくれている。そのような気がします。

筆者が一橋大学に入学した当時は、ケインズ経済学などをはじめとするいわゆる近代経済学ばかりがもてはやされていました。でも、やはりそちらだけに突っ込んでいくのはバランスが悪いなと思って、マルクス経済学の講義も取ってはいました。そういう意味では、常に頭の片側でマルクス先生を意識していたとは言えるでしょう。

大学卒業後、筆者は三菱総合研究所に入るのですが、そこでは、景気予測で名を馳せられることとなった高橋乗宣《たかはしじょうせん》先生との出会いがありました。乗宣先生はマルクス経済学を学ばれ、その観点から現状分析の腕を磨いてこられていた研究者でした。ですから、マルクス的な経済洞察についてさまざまな視点で話を聞くことができました。

乗宣先生は、ちょうど筆者が入社したころからエコノミストとして頭角を現しはじめておいででした。あのころの日本経済の状況について、誰よりも早く「これはバブル」と指摘したのが乗宣先生でした。世の中が「エコノミスト」という存在を意識するようになったのも、乗宣先生が出現したからだと言っていいでしょう。バブルの後には必ず真正デフレがやって来るということもいち早く見抜いておられました。

乗宣先生が中心となった三菱総合研究所の経済予測は、他機関のものとはまったく違う厳しい予測でした。しかも、それが繰り返し的中していく。ですから、おのずと注目されるようになったのです。アメリカの金融政策について、アメリカのエコノミストが乗宣先生に話を聞きに来るということもありました。

乗宣先生は、金融論と現状分析で知られたマルクス経済学者、東京教育大学（現・筑波大学）の大島清さんのお弟子さんでした。ご本人の研究テーマは戦間期における英米仏間の為替戦争でした。ゼミ生の多くがニューディールや、産業資本系関連のテーマに挑まれていたようですが、そうしたなかで、乗宣先生は国際通貨関係から世界情勢を解き明かしたいと、考えられたのです。いわゆる先行研究が少ない中、丹念にデータと事実関係の追跡を重ねられました。その苦労話を伺うことも、大いに勉強になりました。

筆者も折に触れて乗宣先生の「為替戦争論文」に立ち返りながら、その時々の経済事象を考えてきました。いまはリタイアされて、地元の広島におられます。「反骨のエコノミスト」と言われ、果敢に政策政治批判を展開される洞察力と歯切れのよさは相変わらずです。

三菱総研時代はもとより、いまも変わらずそういう乗宣先生の影響を大きく受けた発想で仕事をしています。さまざまな経済事象に対して、とかく数式や図形化に頼りがちなのが近代経済学的なアプローチです。それに対して、同じ事象をマルクス経済学的にはどう見るのか、それを考えるのはとても面白いことです。

資本と労働の間の矛盾の本質

もっとも、そのようなかたちで近経的アプローチとマル経的アプローチを対比することが三菱総研当時に求められていたわけではありません。むしろ、そんな余計なことは考えずに、せっせと予測数値を出すことが仕事だったわけです。

ですが、そうであればあるほど、チームメイトたちがデータ処理に没入していけばいくほど、日米通商摩擦のようなテーマについても、数値化ばかりに追われて人間ドラマが取り残されていくのを目の当たりにすればするほど、このやり方だけでは経済活動を人間の営みとして捉えることからは遠ざかる一方だという印象を持つようになりました。ところが『資本論』の中には、資本と労働の対峙のドラマがあります。マルクス先生の重量級の筆致が少々うっとうしくはありますが。

筆者には、経済事象を人間の物語として語りたいという欲求が常にあります。それは、そもそも、経済活動が人間の営みだからです。ところが、ある時期から、近代経済学は人間ドラマを語れなくなった。経済学が科学としての位置づけを確立するためには、定量化と数値化の強化が欠かせない。この発想に基づいて、近経の世界は次第に数字の中に人間の営みを見出す姿勢を失っていきました。

こうして、人間の営みである経済活動が次第に人間の営みとして語られなくなる。経済分析のこのような傾向への抵抗感の中で筆者の『資本論』への関心が改めて強まったといえるでしょう。資本と労働の間の対峙の本質を解き明かし、資本が労働から何をどう吸い上げようとしてきたのか。それに対する労働者の逆襲がどのような形態を取るのが必然的なのか。これらのことを解明しようとする『資本論』の構えに、改めて関心が深まったのです。

三菱総研では筆者は、マクロ経済分野を担当するチームにいました。仕事の大きな柱の一つが経済予測です。経済予測にはさまざまな手法があります。大型の計量モデルを使うやり方もあれば、統計処理と定性分析を組み上げながら積み上げ計算で全体イメージを構築していくやり方もあります。予測には、短期予測もあれば中長期予測もあります。予測期間の長短によって、採用する手法も違ってきます。

もう一つの大きな柱は、受託調査です。クライアントから、マクロ経済分野におけるさまざまな問題解決の依頼を受けて、それらのテーマについて調査分析し、その結果を報告書に取りまとめるという仕事です。経営計画のベースとなる経済見通しを企業のために提供することもあります。中央官庁や地方自治体からも実に多くの委託を発注していました。

筆者が三菱総研に入社したのは一九七五年、三木武夫内閣の時代でした。政権で言うと、それから福田赳夫、大平正芳、中曽根康弘あたりの濃密な時代を経て、退社する二〇〇二年は小泉政権の時代でした。

一九七五年という年は、経済の観点から見てなかなか大変な年でした。何しろ、第一次石油ショックが一九七三年に発生し、本格的な世界同時不況が到来しようかという雲行きの年だったのです。福田首相は、世界不況を回避するために日本経済は絶対に七パーセント成長を達成すると宣言しました。この時の三菱総研の経済予測チームは乗宣先生がリーダーを務めていて、七パーセントなど楽観の極みだと一蹴、独り三菱総研だけが四パーセント台の突出して低い経済見通しを発表したのです。

この大胆不敵な悲観予測がじつは大当たりでした。今風に言うなら、政治への忖度などまったくなく、果敢に精緻に現状分析を貫いた結果でした。七パーセント成長は福田政権の公約に近いものでしたから、それを忖度しない姿勢には、反骨エコノミストの面目躍如たるものがみなぎっていました。

近代経済学では予見ができない

一九七九年には第二次オイルショックが起こります。それによって世界経済はいっそうの低成長時代に突入する様相を呈していましたが、ここでアメリカにレーガン政権が出現しました。一九八一年のことです。そして、大型減税と規制緩和による「サプライサイドの強化」を打ち出したレーガノミクスがスタートを切ることになったのです。これに中曽根政権が同調し、「ロンヤス」蜜月関係が形成されました。そうした展開の結末として、一九八五年にはプラザ合意が成立することになりました。日本経済はバブル化に向かってひた走り、そのバブルの破綻の中で小泉政権の誕生。「痛みを伴う改革」の名の下に、日本経済をデフレと格差の世界へと追い込んでいったのです。

エコノミストとしてこういう転換期に向き合えたというのは、スリリングなことではありました。転換期には常にそこまでとは違う感覚でものを考える必要があります。いまになって資本主義の今日的有り方などについて世間的にも議論が盛り上がっていますが、じつはあの時こそ、資本主義の本質を改めて見極めるための考察が求められていたと言えるでしょう。ところが、近経型計量モデルによる経済予測では、転換点を見出すことができない。経済の質的転換を取り扱うことが本質的なところで不得手なのです。

乗宣先生は経済活動を規定する力学、特に恐慌の力学というものがよくわかっている人です。だから、バブルから恐慌へ向かう経済的メカニズムが見透せた。数値計算だけからは出てこない「バブルの発生と恐慌によるその終焉」の展開を予見し、果敢に警告を発していました。こうした状況を目の当たりにする中で、筆者は、近代経済学的な分析手法のみで今日の経済を謎解きすることはできないという思いを強めていったのです。

もっとも、大きな転換点を見定める上でマルクス経済学が万能かといえば、そうではないでしょう。話が前後しますが、先般亡くなった中曽根康弘氏が首相として登場したのが一九八二年のことでした。あの時、対米関係を中心に日本外交が大きく変わったわけですが、それと同時に経済運営上も大きな姿勢変化がはじまったといえるでしょう。この点について、当時の左派やマルクス主義者たちは、どうも目を向けていなかったように思うのです。

「戦後政治の総決算」を唱えた中曽根首相は、日本列島の不沈空母化と日米運命共同体について語り、日米同盟が声高に主張されるようになりました。この流れが恐ろしいものだったことは、言うまでもありません。

戦後日本の政治外交は、平和憲法のもとで、厄介で厳しい路線ではあるけれども、緊張感が高く密度の濃い平和主義を貫く方向性を共有していたはずです。ところが、中曽根外交には、初めて明確に戦前に立ち戻ろうとしている印象がありました。ですから、当時マルキストたちが、中曽根政治を「保守回帰」「戦前回帰」という文脈で批判したのは当然だった。

中曽根政権からアホノミクスへ

しかしながら、問題はそこに止まらなかった。政治外交における中曽根的なるものは、それと連動して、経済への戦前回帰的介入につながっていった。この脈絡が見落とされていたと思うのです。実は、あの時から特に労働市場をめぐる重大な政策的軌道修正がはじまった。そう思います。

中曽根首相は、軍備力強化、防衛費増強を、経済政策と連動させはじめたのです。「民活」と称して、国鉄の分割・民営化を進め、これによって労働組合を弱体化させました。国鉄用地を売却し、地価高騰を招いてバブル経済化への道をつけました。そして、労働者派遣法を制定し、非正規労働者を無権利状態において搾取《さくしゅ》する経済構造の端緒をつくり出したのです。

こうしてみれば、あの中曽根政治による経済介入の中に、安倍政治とアホノミクスの関係のルーツがあったわけです。安倍晋三の手法は、大日本帝国の再来を目指し、その経済基盤づくりをアホノミクスに託している。こう構図に向かって種まきをしたのが中曽根氏だった。アホノミクスとは何か。それは政治的下心のための経済の手段化作戦です。チーム・アホノミクスが打ち出してくる政策のなかに、人々のためによかれという発想に基づいているものは何一つない。すべては「強い御国のための強い経済基盤づくり」につながっていくのです。そこを我々は片時も忘れてはいけない。そして、ここにいたる政治過程の起点のひとつが中曽根政権時にあったということも、ここで確認しておくべきでしょう。

我々は、この系譜に対しては全否定で対峙《たいじ》しなければいけない。個別的に聞けばどんなに耳ざわりのよい調べでも、それを奏でている者に奸計《かんけい》があるなら、その調べに耳を傾けることは命取りになるからです。

強い者がより強くなり、大きい者がより大きくなる。彼らが追求しているのは結局のところ、これらのことに尽きるのです。その結果として、日本の経済社会が大日本帝国会社という名の国策会社と化していく。その総帥《そうすい》にはチーム・アホノミクスの親分・安倍晋三が君臨する。ひたすら、この構図を追求している。すべての道は国策会社大日本帝国に通じる。これが彼らの合言葉です。

ここから、我々は目をそらしてはいけない。妖怪アホノミクスが「経済最優先」と言うとき、それは決して我々のための経済最優先ではない。御国のための経済最優先です。この先、いかなる個別政策が打ち出されてきても、この基本原理は変わらないのです。

労働ロボット化と富国強兵

あの中曽根政権時を振り返れば、忸怩たる思いが沸いてきます。

なぜなら、当時の筆者は、中曽根政治に強い危険感を抱きながら、仕事という意味では、あの政治的枠組みを前提とする政策形成を支援する作業に関わっていたわけです。三菱総研という会社は、政治批判や時の政権への苦言提示を目的とする組織ではありません。政策立案や経営計画づくりをサポートすることを目指すシンクタンクです。ですから、その一員として委託調査の実施などに当たっている限り、完全にその時々の政治的枠組みの外に身を置くことはできません。エコノミストは荒れ野で叫ぶ声たることが使命ですが、あのころは、まだその境地に完全には到達していなかった。その意味でも、そうした環境の中でさえ、果敢に、そして客観性を確保しながら巧に政策批判を展開される乗宣先生との出会いが貴重でした。

チーム・アホノミクスが打ち出した「働き方改革」なるものは、労働者のフリーランサー化推進を眼目としている。働く人々を、労働組合からも社会保障からも切り離していく。彼らを労働ロボット化してこき使えるようにする。この仕組みを二一世紀の富国強兵構想の中に組み込んでいく。これがチーム・アホノミクスの目指すところだ。そして、この下心政治のルーツは、中曽根政権時代にあった。このことを改めてしっかり再認識しておく必要があると思います。あの時の体制批判、政治批判の中で、下心政治と経済運営の有機的な関係が果たしてどこまで見抜かれていたか。この点についても、今こそ見つめ直しが重要だと痛感するところです。

当時の左派は、『資本論』やマルクスの捉え方が硬直していたような気がします。世界情勢と連動した現在の資本主義をどう捉えるかという、マルクス的にはいちばん重要な点がおろそかにされ、「社会主義への道」という教条的な志向ばかりが強かったのではないでしょうか。つまり、現状分析が充分にできていなかった。

そもそも『資本論』は、精緻《せいち》を極めた現状分析の書です。左派やマルクス主義者たちがそのことを受け止め切れていなかったと言えるかもしれません。

マルクス本人が、「自分はマルクス主義者ではない」と言ったというのはあまりにも有名ですが、我々がマルクス自身と本当の意味で出会うには、『資本論』などの彼の著作を、いまの我々の社会状況に引きつけながら真剣に読み込むことが大事なのです。マルクス先生ご本人が自分はマルクス主義者じゃないと言っているのですから、マルクス主義者然とした振る舞いに意味があるわけじゃない。重要なのは、マルクス先生の目をもって今を見ることなのだと思います。

奴隷であることに気づかない奴隷

『資本論』を現状分析の書として読めば読むほど、マルクスの深く鋭い文章が今の時代に向かって語られているかのようにビンビン響いてきます。今日の苛酷な労働現場の姿を描出している。どうしても、そうとしか思えない個所がしばしば登場するのです。

『資本論』の目をもって二〇世紀末からいまにいたる経済過程を見ると、何が見えてくるでしょうか。まずは、二〇〇〇年代に入る辺りから、グローバル化の進展にともなう格差問題や貧困問題が顕在化してきました。なかんずく日本で、世界でいちばん平等で格差のない社会だと思われていたこの日本で、人間の階層化という現象が目に見えるようになってきました。

二〇〇八年には、プロレタリア文学者、小林多喜二の小説『蟹工船』が大ベストセラーになりました。八〇年前に書かれた搾取と人権侵害と人間疎外の物語です。そこに、現代日本の人々が自分の姿を見出したのです。そして、二〇一四年にはトマ・ピケティの『21世紀の資本』が刊行されました。そして、これまた世界的超ベストセラーになりました。あんなにも分厚くて、あんなにもしちめんどくさい研究の書を人々がどんどん手に取る。この現象の中に、『資本論』が活写した状況と現代社会との二重写し状況が見えているといえるでしょう。

二〇一八年には、ジェームズ・ブラッドワースの『アマゾンの倉庫で絶望し、ウーバーの車で発狂した』という本が出ました。これには、「21世紀の労働」というサブタイトルを付けて「21世紀の資本」とセットで読む格好にするとよさそうです。

アマゾンの倉庫では十分間しか休み時間がない。従業員はその十分間でトイレに行くのですが、行って帰ってくると十分の休み時間を超えてしまう。超えるとマイナスポイントが累積し、とうとうクビになる。日本のアマゾンの倉庫でも同じことが起きているかもしれない。この本の主人公は、三つほど仕事を変えていきます。アマゾンの次にやるのがケアワーカーの仕事なのですが、高齢者介護に行くときの車のガソリン代などは全部自分持ち。訪問介護先には、脱腸して腸がお尻から出てしまっている人がいたりする。ところが、訪問時間に制約あるので、何もしてあげられない。大急ぎで次の訪問先に向かわなければならないのです。こうした現代のフリーランサーや非正規労働者の現実の中には、マルクス先生が一九世紀の工場現場に見出した搾取の構図にも増して残酷なものがあると言えそうです。

さらに、二〇一九年にはマルクス研究者の植村邦彦氏による『隠された奴隷制』という恐ろしい本が出ました。その恐ろしさの本質は次のくだりに凝縮されています。

「自分自身が『奴隷』であることに気づいていない『奴隷』。主観的には自分は『最大の自由』と『個人の完全な独立性』を享受していると思っている『奴隷』」

この自覚症状なき奴隷たちは、資本主義の展開過程のなかで産み落とされました。工場労働者としての彼らの誕生プロセスとその生態を、歴代の啓蒙思想家たち、そしてマルクスが論じてきました。それらの論者たちの分析と主張を徹底追跡しているのがこの本なのです。その意味でこの本は思想史本であるわけです。

万国のギグ・ワーカーたちよ！

ところが、読み進むうちに、そのことを忘れさせられます。二一世紀の労働を語っているとしか思えなくなってくるのです。先の引用箇所は、マルクスとエンゲルスの一八四五年の共著『聖家族――批判的批判の批判』への著者植村氏のコメントですが、もしも、これらの言葉にこの本のなかではなく、単独の記述として出会ったのであれば、筆者は、これは今日のギグ・ワーカーのことだと思い込んだに違いないと思います。

ギグとは、「短時間の労働」あるいは「一回限りの仕事」を意味します。ギグ・ワーカーを言い換えれば、フリーランサーたちです。「柔軟で多様な働き方の推進」という旗印の下に、チーム・アホノミクスは我々にギグ・ワーカー化することを盛んに薦める。「もっと、フリーな働き方をしましょう。」そう呼びかけてくる。

しかし、フリーランサーたちは、本当にフリーなのでしょうか。たしかに、一見したところでは自由に仕事を選別しているようにみえる。働く時間も自分で決めているようにみえる。だが、本当にそうでしょうか。彼らの労働時間に法的制限はない。最低賃金も保障されていない。仕事の発注者との力関係は、さながら一九世紀の資本家と工場労働者の関係のごとしなのです。

マルクスによれば、奴隷は自分が奴隷であることに気づき、その状態から解放されなければならないことを自覚したとき、初めて、脱奴隷化に向かって歩みだすことができるのです。資本主義的生産体制の下で働く賃金労働者たちは、ベールをかぶった奴隷制度にからめとられています。自ら、このベールをはぎ取らなければ、真の自由人にはなれません。植村氏の『隠された奴隷制』は、マルクスのこの立論を鋭く周到にフォローしてくれています。

ギグ・ワーカーたちの奴隷的実態を覆うベールは、ひょっとすると一九世紀の工場労働における隠蔽《いんぺい》のベールよりも分厚くてむしり取ることが難しいものかもしれません。現代の非正規労働者たちが置かれた現実を見つめつつ、この本のページを繰れば繰るほど、この確信が深まっていきます。

こういう時代に対峙して、ここ数年、『資本論』とマルクスをしっかり見直さなければいけないのではないかという筆者の思いは確実に強まってきました。ここまでは、ゆるやかな底流として筆者のなかにあった『資本論』。それがこの時代を迎えたところで力強い奔流となり、筆者の意識の前面に溢れ出てきた。そのような感じです。限界を超えて、無権利状態で働かされている現代の非正規労働者たちと、『資本論』が出会うべきときがきたのだと思います。

立て、万国のギグ・ワーカーたち！

第一章　「れいわ新選組」とＭＭＴ理論の薄気味悪さ

凡庸でグロテスクな独裁者

マルクスは一八五二年に、『ルイ・ボナパルトのブリュメール18日』という注目すべき著作を出します。舞台は一八四八年以降のフランスです。

フランス二月革命によって第二共和政が成立し、男子普通選挙が実施されるようになったものの、反動勢力が力を増していき、それに反発した労働者の抗議は弾圧され、ついにルイ・ボナパルト（ナポレオン三世）という凡庸でグロテスクな人物が選挙に勝って大統領に選ばれてしまう。

マルクスの著作は、ルイ・ボナパルトが一八四八年の大統領選挙で当選したあと、一八五一年のクーデターで反対派を一掃し、独裁者となって、最下層の人々をも含めた支持を広げていく過程を、さまざまな階級の思惑を背負った政治的諸党派の闘争を背景にして、ヴィヴィッドかつ分析的に描き出した傑作です。

ルイ・ボナパルトは、自由な産業社会を提唱するサン・シモン主義者で、近代金融業の確立、政治家ジョルジュ・オスマンの改造計画にもとづいてパリの道路整備や都市衛生などを推進します。凱旋門を中心に放射状に広がるパリという都市はこのときに出来上がったものです。これによってパリの物流網は飛躍的に発展します。一方でルイ・ボナパルトは、アジア・アフリカへの植民地主義的政策を進めます。

ブルジョワジーがまだ政治的代表として成立していないときに、諸階級の勢力均衡のなかで生まれる保守的で反動的な支配体制を指す「ボナパルティズム」という用語も含めて、現在でもしばしば参照される概念が出てくる著作ですが、よく知られているのは分割地農民がどのように反動的な役割を果たしてボナパルティズムを支えたかという分析でしょう。

分割地農民とは独立自営農民のことですが、資本主義化の進行に応じて、没落する不安にいつもおびえています。そのために自分たちの階級的代表がいないので、復古的で保守反動のボナパルトを支持するというわけです。

マルクスの唯物史観や階級闘争とは経済決定論だと考える単純な理解があります。しかしこの著作からは、階級闘争とは、経済的な諸関係に規定された諸階級が、経済的利害からは自立的に政治闘争を展開する過程だということがわかります。階級闘争を自立的にとらえる方法論を実践したのが、この本なのです。

時代に対するマルクスのジャーナリスティックな勘と、階級闘争に対する現状分析の冴えが味わえるし、いまの日本をも照らし出すような深い洞察が感じられるのです。

選挙結果に映る「時代の不気味な気配」

マルクスの独特の視座を読み抜きながら、昨今の日本に視線を転じ、民主党政権の失敗の後の二〇一二年に妖怪アホノミクスが登場して以降のことを連想するかたもいるでしょう。あるいは、ここ一、二年の日本に出現した、反貧困をとなえる新たな政治の担い手を、期待と疑念をこもごも抱えつつ想起するかたもいるかもしれません。

いずれにせよ、いま我々は、自分たちをとりまく政治状況を、マルクスのような目で厳しく、批判的に見据える必要があるのです。

その意味で、二〇一九年七月に行われた参院選は、いまだに振り返るに値する、つまり今日の状況を占い得る内実がうごめいていたと思います。もちろんそれは、輝かしい成果を回顧するということではありません。「うごめいていた」とでも表現するしかない、時代のなかの不気味な気配をあぶり出すことで、時代の正体を見極めるという意味においてです。

自民党と公明党が改選議席の過半数を獲得して、妖怪アホノミクスは国政選挙六連勝なぞと息巻いておりました。実に何とも言えない結果ではありましたが、でも基本的に自民党は議席数を減らしましたし、一人区では野党共闘に一定の効果があり、立憲民主党の票が伸びました。自民党側は改憲のために必要な三分の二議席は確保できなかった。だからこれで野党側に3ポイント入っていて、自民党側はかろうじて1ポイント稼いだという感じかなと思います。

自民党側の1ポイントは、投票率が低かったから稼げちゃったというだけで、だから本質的にはこの選挙は、三対一で野党側の勝利だと言っていいと筆者は思います。

妖怪アホノミクスが必死になって、無茶振り的に「これで改憲のお墨付きを得た」というふうに言ったのは、やはり焦りのあらわれだと思います。彼は焦るといつも極端なことを言ってしまい、自民党のなかからでさえ、「いくら何でもそうじゃないだろう」と思われるに至る、というのはよくあることなので。

つまり野党側にとってはそこそこの結果ではあった。あとは野党側が三対一からどこまでこのギャップを大きく広げていけるか、ということが課題です。それはどういうふうに共闘の枠組みをつくれるかということにかかっていると思います。

投票率の低さは大きな問題です。低い投票率のなかで、若者たちの安倍政権支持率が高いというところに、深刻な問題があります。ここをどうするかという課題があるのは確かですが、総括的に言えば、意外と人々はそう丸め込まれ切ってはいない。そういう意味では、ポジティブな言い方はできなくても、希望が持てないような悲惨な状況でもない。

「れいわ新選組」とファシズム的な危険

さてこの選挙で、野党側の新たな勢力として注目されたのが、山本太郎の率いる「れいわ新選組」です。単に野党側というだけでなく、貧困層、非正規労働者、若者の側の支持を受けた勢力として認知されました。

この「れいわ新選組」の真贋《しんがん》を、見抜いておくことは重要だと思います。筆者はまず、「れいわ新選組」というネーミングのセンスが気持ち悪いなという印象を強く持ちました。筆者は、「令和」という元号自体については、その言葉の意味を「ゼロサム」（合わせてゼロ）だと思っています。つまり、令は「zero」、和は足し算を意味する「sum」だと。元号が変わるということで、いかにも、新たな国家のありようが始まるという通俗的なイメージにもたれかかり、そこに「新選組」という言葉をかぶせるところに、これは一種の新保守主義であるかなと感じたりもします。

あえて真剣に絵解きしますが、新選組は明治維新に至る歴史のなかで、幕府側によって結成され、尊王攘夷《そんのうじょうい》派や討幕派を弾圧する役割を果たしたわけです。ところが今度は逆に、

「令和」という元号の側に付く新選組というのも、これはこれで大変にきな臭い。明治維新をもって始まった、大日本帝国への歩みをまるごと肯定しようとしているようにも見える。

しかも、それがけっこう時代にアピールしているところが不気味です。

重度の身体障碍者を押し出して、そこに新時代の旗手であるというイメージを重ねているのも、じつは危険だと思います。と言いますのは、重度の身体障碍者の候補が何を主張しているかということがあまり伝わってこないまま、その姿ばかりを、新時代の政治の旗手として映像的に印象づけるというのは、たちの悪い利用主義です。

山本太郎がそんなに危険な人物だとは到底思えないけれども、アホノミクスの大将だって、生身の本人は危険人物になれる能力すら持っていないような人です。得体の知れないファシズムのトップには、往々にして凡庸で浅薄な好人物が座ることが多いのです。ナポレオン・ボナパルトがそうであったように。

つまり筆者は、「れいわ新選組」とそのブームに、ある種のファシズム的な危険を嗅ぎ取っています。彼らが、若く貧しい人々にアピールしていることが怖い。それは、ファシズムが形成されるときの一つの力学のように感じられます。ヒトラーが熱狂を巻き起こし、途轍もない非人間性を時代に刻んでしまったのも、やはり経済的に痛めつけられた若者たちを引き寄せたことに始まっています。

「れいわ新選組」はなぜ躍進したか

山本太郎は、かつて移民の受け入れに反対していました。「外国人労働者を使い捨てにするくらいなら、日本はいっさい、移民難民を受け入れないと宣言したほうがいいと思います」と、ヒューマニズムの文脈におかれてはいましたが、それは右派的心情に響いたはずです。彼は、意識的にか無意識にか、ナショナリズムがとても強いように感じます。厳しい状況下にある若者に同調するとき、必ず一国的な視点から共感を寄せるのがファシズムの常《じょう》套《とう》手段なのです。

それはああいうネーミング・センスにもつながっています。「れいわ新選組」は、名は体をあらわしているのです。山本太郎自身には、主観的にはそういう意図はないかもしれませんが、「れいわ新選組」に集約される新たな保守主義のイメージは看過できません。

一方で、「れいわ新選組」がなぜあれだけ躍進したかということも、今日の政治勢力のありようのなかで分析する必要があるでしょう。一つは、民衆の反アホノミクスの受け皿になるべき立憲民主党をはじめとする野党に存在感も責任感もあまり感じられないということがあると思います。

国民民主党の玉木雄一郎などは、「れいわ新選組」の山本太郎の闘いぶりに教えられたみたいなことを言い出しています。これは国民民主党の、民衆の貧困や経済搾取への問題意識がいかに低かったかということであり、それを政治化するには「れいわ新選組」の方法が示《し》唆《さ》的だと考えているということであり、時代への感度においてははなはだ心許ない。

立憲民主党にしても、民衆の生活が収奪され、経済が凋落《ちょうらく》させられていることへの怒りが感じられない。逆に、階級闘争をしているようなイメージになってはまずいというような配慮が常に働いているように見えます。共産党を意識しすぎていることもあるでしょうけれど、絶えず「我々は危ない人間じゃないですよ」というアピールをし続けて、柔らかいテーマを柔らかい口調で語ることをもって、民衆の立場への当事者意識を表明するという倒錯した路線になってしまっている。戦いを挑んで、躍りかかるような迫力がないのです。

一方、自民党のなかで、まがりなりにも経済重視の平和主義を標榜《ひょうぼう》してきて、多少は真っ当なことを考えてきたはずの宏池会《こうちかい》的な人たちが、自分たちが真っ当なことを考えているということを隠そうとしている風情がある。

これらの傾向が、妖怪アホノミクス支配下ではこれまでずっと増強されてきました。要するに全般的に喧嘩腰が足りない。

MMTは「マッド・マネタリー・セオリー」

そこに、「れいわ新選組」の山本太郎がパフォーマティブに闘いを演じると、若者たちや、左派的な中高年層を引きつけてしまう。あの程度のパフォーマンスが人心を捉えてしまうところに、今日的な政治の貧困があり、筆者からすると非常に危うい感じがします。

パフォーマンス、つまりどう闘うかということばかりに野党は飛びついて、そこに拘泥《こうでい》してしまうので、何と闘うかという本源的なテーマが見えなくなっている。そういうところも非常に浮き足立っているのです。野党はもっと質の高い、溢れ出てくるような怒りを表現するべきなのです。

「れいわ新選組」には松尾《まつお》匡《ただす》という経済学者がある種のブレーンとしてついています。彼はマルクスに学んだと自称しているようですが、筆者にはその議論はマルクス的な民衆的革新性を感じません。

彼らが奉じるところのMMT（モダン・マネタリー・セオリー）を、筆者は「マッド・マネタリー・セオリー」だと思っているのです。

MMTの考え方は、「自国通貨建ての国債を発行している国は債務不履行に陥らない。インフレが起きなければ、財政赤字の増大を気にする必要はないし、財政赤字がインフレを引き起こす危険性も低い」というものです。ですが、これは次の二つのことを前提にしなければ成り立ちません。

一つ目は、円やドルのような国が定めた法定通貨の価値が消えることは絶対にないという幻想です。その背後には国家権力というものを絶対であるとみなす「前提の前提」がある。どんなことがあっても人々はお国の権威を疑わないから、法定通貨への信認も揺らぐことは決してない。この王権神授説のごとき国家に対する信頼がなければ、MMT的論理は成り立ちません。要するにMMTは、強権政治の絶対性を大前提にしているわけです。

二つ目の前提は中央銀行が常に政府の言いなりになるはずだという思い込みです。中央銀行の独立性を完全に踏みにじり、蹴飛ばすような発想。ここからは、自らの権力を絶大なものと信じ切っている国家が、緊張感のまるでない経済運営をしている姿が想定されます。MMTは、そのような「経済的国家主義」に理論的な裏付けを与える道具に堕す可能性が大いにあるのです。その意味で大変に「マッド」で危険な理論であると筆者には思われます。

ＭＭＴとシムズ理論は親和性が高い

二〇世紀初頭に、ＭＭＴにつらなるような理論を唱える学者がいました。それは、管理通貨制の絶対的な不滅性を唱えるところから始まったという感があります。これをめぐってどんな論争があったかといえば、「国の借金をどのように捉えるべきか」というテーマにつながります。ＭＭＴの考え方では「国家財政は均衡しなくてもいい」ということになります。筆者の考えは、「国家財政は均衡していることが基本だ」という立場です。

両者の対立は、国家は何のためにあるのかという価値観の違いに由来すると思います。

筆者の考えでは、国家はあくまでも国民に奉仕するために存在しています。その観点からすれば、国家財政は民間経済が窮地に陥ったときには、救出に出動するという役目を負っています。大災害などの有事の際、国家は速やかで高いクオリティの救済策を打ち出せなくてはならない。財政にゆとりがあれば、即時対応が可能です。仮に緊急出動のために特別の借金をするにしても、一方でプライマリーバランス（歳入から借金分を除き、歳出から借金返済分を除いた収支。この数字によって税金によってどこまで政策経費を賄えているかが分かる）が黒字なら、迅速で確実に返済できる。

MMT論者たちからすると、アホノミクスは自分たちの主張が正当であることを証《あかし》しているように見えるでしょう。赤字財政を放置して、国債を日本銀行に無制限に吸収させている。それでも一向にインフレにはならないのだから、まさに、政府は自国通貨建ての借金を気にする必要はないということになる。

二〇一六年、安倍晋三首相のブレーンの浜田宏一内閣官房参与（米エール大名誉教授）がクリストファー・シムズ米プリンストン大教授の論文を読んで、「目からうろこが落ちた」と持ち上げます。「シムズ理論」は当時、安倍政権や自民党が大きな関心を寄せていました。ところが、いまから考えると、MMTとシムズ理論は非常に親和性が高い。シムズ理論についておさらいしておきましょう。

二〇一六年の夏にアメリカで、ジャクソンホール会議が開催されました。これは毎年夏にワイオミング州のジャクソンホールで開かれる会合で、世界の中央銀行家や経済政策関係者が集まります。世界経済フォーラムが行うダボス会議みたいなタイプの集まりなんですが、そこで、クリストファー・シムズ先生が、研究論文を発表する。その内容に浜田氏とチーム・アホノミクスが虜《とりこ》になったというわけです。

日本は量的緩和なる金融政策——金融政策と言えないと思いますが——で、中央銀行がやたらとカネを市場に流し込んでいる。だが、その一方で財政が緊縮路線を続けていたのでは、いつまで経ってもデフレからの脱却はできない。それは多くの先進諸国について言えることで、彼らは即座に緊縮財政を止めるべきだ。そして、いわば意図的無責任財政にスタンスを切り替えるべし――そのようにシムズ先生は言った。

国家の威信を絶対とする理論

この局面は財政が無責任に赤字垂れ流しをやってインフレを作り出すのがいい、それをやれば財政赤字問題も一気に解消する、世界に先駆けて、日本がこの先端的な取り組みに挑むというのが素晴らしい。そんな言い方もしています。

こうした一連のシムズ発言に浜田氏が反応する。自分はそれを聞いて目の前が明るくなった、というような言い方で、さかんに「日経新聞」や「文藝春秋」を相手に、シムズ理論の薦めを唱え始めた。これがきっかけで流布し始めたんです。

要するに、チーム・アホノミクスとしては赤字垂れ流し財政をやることがベストなのだ、そのためには日銀が日本政府から国債を直接に引き受けることができるようにしなければいけない、という筋立てを国民の頭のなかに刷り込んだ。民衆をマインドコントロールする作戦です。その斬り込み隊長が浜田氏でした。

シムズ理論を一言で言うと、意図的無責任財政のすすめ、ということになります。財政赤字を放置していればインフレが起きて借金が目減りし、返済負担が軽くなる。だから、中央銀行が政府発行の国債を直接引き受ける財政ファイナンスはどんどんすべきであり、政府・中央銀行があたかもヘリコプターから国民にお金をばらまくようにお金を配る「ヘリコプターマネー」も有効な経済政策だ、ということになる。

以上、見てきたように、MMTとは親和性が高いはずなのですが、安倍首相や黒田東彦《くろだはるひこ》日銀総裁、御用学者たちからなるチーム・アホノミクスは、MMTを異端の経済政策だとして切り捨て、また必死になって否定しています。これはなぜか。

シムズ理論はインフレが起こる可能性を含み込んだ理論なので、「インフレ率二パーセント」を公約に掲げるチーム・アホノミクスは、自らを正当化する道具として使えました。だから、財政支出ではインフレは起こらないというMMTの主張に与《くみ》するわけにはいかない。これが理由その一です。

もう一つの理由は、かなり屈折したものですが、筆者はじつはこちらこそが本質ではないかと考えています。

チーム・アホノミクスは、内心は、国家の権力は絶対であるという前提で物事を進めたいと思っています。その意味では、国家の威信が絶対であることを前提とするMMT理論との相性はとてもいいはずです。ですが、だからこそ、あからさまにMMTを支持してしまうと、深く隠しておきたい本音が赤裸々になり、さすがにまずい。このあたりをめぐって、アホノミクスの大将はかなり複雑な心境なのだと思います。

「消費税廃止」は革新的政策か

今後、安倍首相が、「危急存亡のときだから」と開き直り、MMTを支持することは十分にあり得ます。どんなときにそうなるかと言えば、それは安倍政権が、「金融と財政の一体運営を行う統合政府部門」の創設を目論むときです。

日銀法三条一項は「日本銀行の通貨及び金融の調節における自主性は、尊重されなければならない」、財政法五条は「すべて、公債の発行については、日本銀行にこれを引き受けさせ、又、借入金の借入については、日本銀行からこれを借り入れてはならない」ことを規定しています。

安倍政権がこの二つの法的枠組みを蹂躙《じゅうりん》し、安倍首相がかつてのたまった「政府と日銀の関係は親会社と子会社の関係」という構図の実現に踏み切るとき、MMT論者たちとチーム・アホノミクスがあからさまにタッグを組むことになるでしょう。

そのとき日銀は、名実ともに政府の言いなりにカネを振り出す打ち出の小槌《こづち》と化すのです。そうなれば、国債発行や国会の予算審議というプロセスもすっ飛ばされるようになってしまいます。

その先に待ち受けているのは、さらなる完全なファシズム国家です。

政府は日銀に打ち出の小槌を振らせ、軍備強化に湯水のごとく資金を使うでしょう。MMTは国が雇用を保障することも柱としていますから、国家総動員につながる懸念も大いにあります。

「れいわ新選組」は、「消費税廃止」「奨学金チャラ」「全国一律に最低賃金一五〇〇円を政府が補償」「公務員を増やす」「本当の国土強靭化、ニューディールを」「一人あたり月三万円、お金配ります」といった政策を掲げていますが、その財源は新規国債の発行です。

筆者から見ると、山本太郎も妖怪アホノミクスも、同じ穴のむじななのです。

「れいわ新選組」はたちの悪いポピュリズムを凝縮した危険集団だと言わざるを得ない。彼らは消費税全廃を主張しています。いま、税金をどう考えるかということは、決定的に大事な問題です。最近筆者は「人はなぜ税金を払うのか」というテーマに取り組んでいるのですが、世のため人のために働くための財源として、税金というのは絶対に取るべきだし、払うべきなのです。このことを堂々と前面に打ち出して、「れいわ新選組」的なるものと、対峙すべきだと思います。

弱者の味方がなぜMMTを支持するのか

彼らの発想は、緊縮財政の必要性などいっさい考慮せず、大盤振る舞いの財政支出を展開、それによって国家主導の経済体制を構築するという国威発揚型の国家観に根差しているように見える。

「れいわ新選組」は、「何かと悪者にされる公共事業・公共投資ですが、雇用や防災を考えれば必要不可欠。防災対策だけでなく水道、鉄道などの公共性の高いものは国が主導し、積極的に支出します」「公務員を増やす。安定雇用も経済政策です」などと主張しています。

しかしこれは、一九二〇年代から第二次世界大戦中にかけてイタリアにファシズムを敷いたムッソリーニや、同時期にドイツの総統だったヒトラーが、軍事目的と失業対策を兼ねて高速道路を国内全域に整備していった歴史、また特にヒトラーが、ファシズム体制の支持者を増やすことと連動させて、公務員数を二倍以上に増やした政策を彷彿《ほうふつ》させます。

LGBTの人や重度の身体障碍者を候補者に立てたことには、さきほど述べた利用主義ということに加えて、表立って「れいわ新選組」の政策を批判しにくくする煙幕のような効果を狙ったのではないかとも勘繰りたくなります。

「れいわ新選組」がMMTを経済政策の基盤に置いていることは、その危険な体質が素直にあらわれているという意味で、非常に分かりやすいのです。

いま日本でMMTをもてはやす人々は、何が世のため人のためなのかを本当に突き詰めて考えることをせず、「なんとなくリベラルっぽいから」というレベルで、MMTを解釈しているのかもしれません。「アメリカでは民主党左派がMMTを支持しているから、自分たちもこれを批判しては保守反動だと思われる」と危惧しているようにも見えます。リベラル派といわれてきた論客たちがMMTに傾いていますが、情けない限りです。

自分がどんな政治思想を標榜しているのかが分からなくなっている人ほど、MMTに振り回されやすい。つまりMMTは、人の考えや思いをかき乱す性格を持っている。ひょっとすると、これがMMTのマッド性つまり狂気性の魔力なのかもしれない。

「弱い立場の人の味方」という立ち位置の政治家がMMTを支持している事態は、非常に危険だと思います。

ベーシックインカムも悪用される

バーニー・サンダース米上院議員のような、「弱きを助け、強きをくじく」という至極真っ当な方向を目指している人が、反緊縮というところで国家主義者と接点が生じてしまうという厄介な問題があります。

サンダースは、二〇一六年の大統領選で、一兆ドルの公共投資によって、道路、鉄道、橋、空港、ダム、下水道などのインフラ整備を行い、一三〇〇万人の雇用をつくるという公約を掲げました。おそらくサンダースは、ＭＭＴを「資本主義の暴力を抑える理論」と捉えているのでしょう。ＭＭＴを使って雇用を増やし、強い者をより強くする米国の社会構造を変えようとしているのだと思いますが、国家権力の絶対性を前提とするＭＭＴに与するのは、弱者の側に立つ左派政治家としては、本来、筋違いなのです。このことにサンダースは、気づいていないのかもしれません。しかし今後、こういうところを仕分けしていかないといけないと思います。

政府が国民に最低限の所得保障をするという、ベーシックインカムなどにも、民衆の側に立つはずの施策が国家主義に回収される危険性がつきまといます。

もともとの考え方は、理想的な福祉国家建設につながる発想だったと思うのですが、でも邪悪な奴らがベーシックインカムを振りかざし始めたら、役に立たない者たちを市場から排除するための立ち退き料としてベーシックインカムを使うという発想になっていきかねない。AIリテラシーのない人たちや、ロボットと相性の悪い人たち、そういう人たちを排除する方法になっていくかもしれない。

それに加えて、ベーシックインカムを制度化したのだからその他の福祉政策はなくすということを言い出す可能性もある。そうなると、お金を与えておいてあとは飢え死にしてもそれは自己責任だという、そういう最下層への手切れ金として作用することになってしまうのです。つまりベーシックインカムが、排除を前提にした新たな国家主義の政策となりうるのです。

MMTがもてはやされることには、国際的な「反緊縮ブーム」も多分に影響しているでしょう。増税に反対し、大胆な財政出動を求めるポピュリズム政党の主張です。緊縮財政への不満が強まっているギリシャやイタリアでは、「ドイツがケチケチしているから自分たちが苦しい思いをしなければならないんだ」と批判が高まっています。MMTはその反緊縮ブームの勢いに乗って注目されるようになったとも言えるでしょう。

国家主義の推進者にならないために

欧米では、若者は比較的リベラルな傾向があり、反権威主義的な動きをしていますが、リーマンショック後の緊縮財政に耐えかねた中高年層が過激化し、ポピュリズム政党の支持に回っている。

日本の場合は逆に、戦争体験のある高齢者や、その体験を多少なりとも継承している中年世代は皮膚感覚的に独裁政権への危機感を持っています。しかし、将来に不安を抱いている若者たちは、「強い日本を取り戻す」という安倍政権に丸め込まれてしまう傾向が強い。同じ理由で、「れいわ新選組」に救いを見出している人も増えているように感じます。こういう嫌な時代潮流のなかで咲いた、毒性の強い徒花《あだばな》がMMTです。見た目は美しくても実を結ぶことはなく、人々をもてあそんで散っていく。世界が不穏な空気に包まれるときは、こういうあやしげなものが流行るのです。

我々は、長年かけて国家とは何か、経済政策はどういう役割を果たすべきなのか、人はなぜ税を払うのかなどについて考え、問題と向き合い、解決し、今日の民主主義体制を築いてきました。

ところが、それらをすべてないがしろにして、近代以前へ、中世へ、それ以前へと巻き戻していくようなことが起こっています。MMTはその一つのあらわれなのです。

アホノミクスは、ゆくゆくは金融と財政を一体化してしまいたいという野望を抱いています。日銀を政府の子会社にという発想です。理屈が多少違うにせよ、MMTが狙うところも、経済運営の国家主義化というところになっていく。つまり経済の国家化ということです。

MMT理論もアホノミクスも、国家の権威は絶対であるという立場だという意味で、極めて原始的な社会観に基づく理論です。アホノミクスはもちろんですが、MMT理論も、強い国家権力を構築するという強い意思と一体になっていると考えるべきだと思います。我々はよくよく気をつけないと、国家主義の積極的な推進者になってしまうのです。

第二章　マルクスの実像と誤解

マルクスは大学教授になれなかった

マルクスという異様な思想家、資本主義の本質をつかまえてその解体への道筋を示そうとした巨人の成り立ちとその軌跡について、ここで私流に、簡単にスケッチしておきたいと思います。

一九六九年、これは世界的な反乱が起こった年の翌年ということになりますが、山之内靖さんが『マルクス・エンゲルスの世界史像』という本を出します。この本でいま改めて注目すべきことは、マルクスのたどった軌跡の時期区分です。山之内さんは、マルクスの思想は第一期が一八四八年以前、第二期が一八四八年から一八五七年、第三期が一八五八年以降であると言っています。

まず、欧州各地で革命が起こった一八四八年を一つのエポックとして、初期マルクスの思想活動をその年までとしている。一八四八年から一八五七年は、マルクスが一八四八年の欧州革命とシンクロするようなかたちで同年に『共産党宣言』をエンゲルスと共同執筆した後、本格的に既成の経済学批判に向かう時期です。

そして重要なのは、一八五七年には世界的な金融恐慌が始まっているということです。資本主義というのは必然的に世界化を伴いますが、そのことが世界的な金融恐慌をもたらすという現実がマルクスの眼前で明らかになった。これに向き合ってマルクスは、「経済学批判」をさらに進めて『資本論』のプランを具体的に練り始めます。

マルクスを振り返るときに手っ取り早いのは、主な著作から考えることです。『共産党宣言』を第一期の代表的な本だとして、マルクスがそこに至るまでにどういうふうに自分の思想を形成したかを検証してみましょう。

マルクスはボン大学、のちにベルリン大学に転学して学ぶ法学徒でした。ヘーゲルに影響を受けた思想的グループのうちの左派、「ヘーゲル左派」とか「青年ヘーゲル派」とか呼ばれる学問の流派に属していました。マルクスは法学を学びつつも、文学にも深い関心を持っていました。大学時代には詩を書いたりもしています。

マルクスは、大学卒業後に大学教授になろうとしていましたが、当時、プロイセンはとても反動的な時代で、多少なりとも反体制的な志向を持つ学徒には就職先がなかなか見つかりませんでした。そういう状況下でマルクスは、ヘーゲル左派が関わっていた急進的な新聞『ライン新聞』に寄稿するようになり、一年後には編集長に就任します。マルクスはアカデミシャンではなく、自前の言論活動のほうに、進むべき道を見定めていったわけです。

「問題は世界を変えること」

初期のマルクスに転機をもたらした一冊の本があります。フォイエルバッハが一八四一年に出した『キリスト教の本質』という著作です。フォイエルバッハは「青年ヘーゲル派」に分類される、マルクスの先輩にあたる哲学者ですが、彼はこの本で、神は人間的な理想の結晶であり、それは人間がつくったのであり、神を信仰することは人間の「自己疎外」だと論じます。

この人間主義的な立場からの宗教批判に衝撃を受けたマルクスは、その認識を発展させてヘーゲル批判を進め、その結果書かれたのが、当時は出版されませんでしたが、現在我々が『経済学・哲学草稿』と呼んでいる草稿です。

また、一八四四年には『ユダヤ人問題によせて』『ヘーゲル法哲学批判序説』という初期マルクスの重要な著作が出来上がります。そのときマルクスは何に軸を置いたか。それは、身体の感性的活動をそなえた具体的で実践的な人間を歴史の主体に据えるという態度です。

ヘーゲルは、絶対精神というのが歴史の原動力になると考えました。人間の意識に発して、個人から家族が形成され、市民社会、国家というふうに展開していく歴史、その原動力はなにかしらの「精神」にあるのだと見たわけです。そこでは歴史の主体は、具体的な人間ではなくて、理念や観念のほうにあるとされました。

フォイエルバッハを媒介にしてマルクスが行ったヘーゲル批判の眼目は、歴史の原動力は、絶対精神にあるのではなくて、物質的な活動を行う、あくまで現実的な人間、現実的な社会のなかに見なければいけないということです。マルクスは、ヘーゲルの言う絶対精神は観念的な哲学体系にすぎないと批判します。

マルクスの言う現実的な人間というのは、その後のマルクスの発想を借りれば、「労働する者」と言っていいかもしれません。自然とか、社会とか、人間関係とかに働きかけて、それらを自分の目的に合わせて加工していく、変型・変革していく者。そういう「労働を行う人間」こそが歴史の原動力だと、フォイエルバッハから重大なヒントを得たマルクスは考えたのです。

のちにマルクスは『フォイエルバッハに関するテーゼ』というフォイエルバッハ批判を書きます（一八四五年）。それは歴史哲学のテーゼ集なのですが、そのなかに「哲学者たちは、世界をさまざまに解釈してきただけである。しかし問題なのは世界を変えることだ」という有名な一節があります。そこにはいろいろな含意があると思いますが、一つは、ヘーゲルと自分の違いをその一言であらわしたと言えるのではないでしょうか。

フォイエルバッハはキリスト教を批判しましたが、人間を「受苦的存在」であるとして、苦を受けることが人間の感性的・身体的な条件であると考えていました。これはある意味ではキリスト教的な捉え方です。当時、マルクスもそういう観点で人間を把握していましたから、抑圧されている、あるいは疎外されているという、苦を受けている状態こそが、解放のほうに転じていく根拠とみなされたわけです。疎外された人間こそが解放されるべき主体であるという捉え方です。

後に、資本主義のもとでの人間のモノ化について根本的に考察し、『資本論』でマクロ経済学的に理論武装したマルクスから、この時期の疎外や抑圧に対するヒューマンな視点が失われたかというと、そんなことはありません。後期に至っても、初期マルクスの人間主義的な思想が消えてなくなるわけではないのです。

プロレタリアートが社会を解放する

人間は具体的に相手に働きかけて、相手を変えたり、あるいは商品を作ったりすることができる。そういうことができるのが人間なのだとマルクスは考えました。それが「対象的実践」とか「感性的実践」とか呼ばれることです。

マルクスはフォイエルバッハの『キリスト教の本質』に大きな影響を受けましたが、フォイエルバッハの議論にはヘーゲルほどの強力な弁証法の体系はなかったと言えます。

ヘーゲル弁証法というのは、先行するカントの批判哲学をはじめとした、ドイツ観念論の精緻な認識論や論理学、さらにギリシャ哲学からスピノザの政治哲学までも総括して、歴史のなかの矛盾からつかみ出されたより高次の本質が現実の歴史過程のなかで実現されていくという認識論であり、論理学であり、歴史哲学の方法です。ヘーゲルを本格的に学んで、弁証法をものにしていたことがマルクスにとっては重要でした。

ヘーゲル左派には、ブルーノ・バウアーやマックス・シュティルナーなど、何人かの有力なイデオローグがいましたが、そういう人たちに比べても、マルクスはヘーゲルの弁証法を、方法として、より深く自家薬籠中《じかやくろうちゅう》のものとしていた。それがマルクスの優位性になったのです。これは、後にエンゲルスに対しても大きなアドバンテージになります。

マルクスが一八四四年に『ヘーゲル法哲学批判序説』や『ユダヤ人問題によせて』を書いたことの意味は、プロレタリアートの解放ということを打ち出した点にあります。

大事なのは、プロイセン社会の政治的な抑圧からの解放とか、政治制度を変えるということに留まらない。市民社会内部の矛盾から、矛盾そのものの解決を目指して立ち上がってくる階級があるのだ、と。それはもっとも疎外されている階級、プロレタリアートである。プロレタリアートの解放こそが、全人間的な解放を実現する。それこそが解放ということなのだとマルクスは考えたのです。

そういうふうに歴史を変えていく主体を、階級や社会集団に見出すという発想そのものは、じつはヘーゲル的でもあるのです。フォイエルバッハに対しても、ヘーゲルに対しても、論敵の思想を受け継ぎながら、換骨奪胎して、より高次の問題を浮き彫りにしていくというやり方自体が、弁証法の実践と言えるでしょう。

当時、もうすでに社会主義や共産主義の運動は始まっていましたが、マルクスは社会主義や共産主義という発想から出立したわけではなく、もちろんその潮流に影響を受けるわけですが、もっと内在的な矛盾から社会把握をしていった。そういう分析力は、その後、『資本論』につながっていきます。『ヘーゲル法哲学批判序説』や『ユダヤ人問題によせて』を書く一八四四年は、マルクスがエンゲルスと出会って間もない頃で、エンゲルスのほうが社会主義の理念や実際の運動についてよく知っていました。エンゲルスのほうが政治的には成熟していたのです。

マルクスは、一八四四年にエンゲルスが『独仏年誌』に発表した「国民経済学批判大綱」で、私有財産制の問題点を覆い隠すといって、アダム・スミスを批判しているのを読み、そこから大きなヒントを得る。エンゲルスとの交友関係を通じて社会主義のほうに急接近していくわけです。

「共感」を重要視したアダム・スミス

ここで、マルクスとエンゲルスが批判したのとは別の角度から、国民経済学について触れておきたいと思います。

国民経済学は、一八世紀の終わりぐらいから、アダム・スミスを代表的な担い手としてつくり上げられた経済学の体系です。富の源泉としての労働、資本の蓄積、市場の機能、国家の役割を分析し、国家の利益という観点から確立された経済学であるとされています。

ところが、国民経済学の祖と称されるアダム・スミスには、限りなくマルクスに近い部分があります。国民経済学は国家のための経済学であるけれど、それは同時に国民のための経済学でもあったのです。どうすれば国民全員が幸せになれるか、勃興期の資本主義をどのように国民のために変えていくかという問題意識に貫かれた経済学と言ってもいい。

アダム・スミスはもともと哲学者でした。『国富論』の前に『道徳感情論』という本を書いていています。そこでアダム・スミスは、センチメントが重要である、人間社会を形成しているのは相手への共感であると、ほとんどカントと同じことを言っている。

共感する能力をもっている社会が正しい社会であり、それが人間社会の本質であるというところからアダム・スミスは出発しています。それにもとづいて社会の全体像を記述していく。それが『国富論』の前提になっているので、彼には明らかに、人を疎外したり抑圧したりしない経済の仕組みをどのように作るかという問題意識があった。

アダム・スミスの関心は、資本主義という人間が作り出した怪物をどういうふうに飼い馴らすかということなのです。その点においては、実はマルクスとそれほど遠くはない存在だろうと筆者は思っています。

いずれにしても、マルクスとエンゲルスの接近のなかで一八四四年に『経済学・哲学草稿』が書かれ、これは出版されませんでしたが、『ドイツ・イデオロギー』というエンゲルスとの共著の出版計画がなされます。とても哲学的な文章で綴られていますが、彼らはヘーゲル左派の批判をすることで、実際の人間的解放のプログラムを明らかにしようとしました。

「共産主義とは、現実がそれに向けて形成されるべき何らかの理想ではない。現状を止揚する現実の運動を共産主義と名付ける」というふうに彼らは書いています。

つまり彼らはここで、運動としての共産主義にコミットしていくのだと宣言する。それが一八四五年に書かれる『フォイエルバッハに関するテーゼ』にも盛られる思想になり、社会的実践の思想としての初期マルクスの到達点になったと言えます。

労働者は「労働力」を売っている

一八四七年になるとマルクスは、急速に共産主義についての研究を深めていきます。その過程で、アナキスト的な社会主義者であるプルードンを批判します。プルードンはマルクス同様に社会主義的な運動に関わっていましたが、素朴な社会主義者でした。自給自足的な関係を重要視し、人間の自立は自分で労働して自分の生産物を自分で取得することによって可能になると考えていました。そういう意味では分離独立主義者であるとも言えます。マルクスは、プルードンはブルジョワ経済学がわかっていないと論難します。いまこの社会において労働するということは、取り分をある程度、資本家にもっていかれるのであり、労働すればするほど疎外されていくという仕組みがプルードンはわかっていない、と。

マルクスは、孤立したユートピア的な社会主義を実現しようとしても、それは不可能であるという立場からプルードンを鋭く批判し、それは『哲学の貧困』という本になります。一八四七年のことです。

一八四七年にはもう一つ重要な本が書かれます。『賃労働と資本』です。マルクスと同時代のドイツ社会民主労働者党員だったヨハン・モストが編集し直したものが、いま新しい訳で出ているのですが、これはマルクスが労働者に向けて話した講演録です。そのなかでマルクスの経済学批判の到達点が、「労働力商品化」というテーゼになって出てきます。そこには剰余価値の発見が同時に含まれていました。

いま東京都の最低賃金は一〇一三円です。ところが、一時間一〇一三円で契約して労働する際に、実際には労働者は一〇一三円以上のものを生産しています。たとえば三〇〇〇円になるような商品、生産物、成果を作り出す。それを作り出すためには労働の強度が必要になります。どれだけ集中的に働けるかが求められる。たとえば、生産ラインが速く動けば、よりたくさん仕事をしなければいけないし、分業が発展している生産現場だと労働によって作る価値はより増えてくる。労働者は常に、契約によって支払われた労賃以上の価値を生み出しているわけです。

では労働者は何を売っているのか。それは「労働力」であるとマルクスは言うのです。マルクスはここで、概念として「労働」と「労働力」を区別しました。これがマルクスの重要な発見です。

「労働商品化」ということは、アダム・スミスも、ヘーゲルも言っていることです。ものを作り出す、価値を作り出すのが労働であるということは、一九世紀前半までの経済学者や哲学者はわかっていた。しかし彼らは、「労働」と「労働力」の区別はできませんでした。

資本家は「剰余価値」を搾取する

我々は一般的な「労働」を売るのではなく、「一定時間の間に労働をする能力＝労働力」を売っている。それは生きた労働だから、資本家はどんどん活用できます。そのとき労働力によって生み出される価値は、「必要労働」と「剰余労働」の二つに分けられます。

「必要労働」とは、労働者が自分や家族に必要な生活物資を生産するための労働で、「必要労働」以下に労働の価値が下がることはありえません。そうなれば誰も労働しないので、労働市場にも参加しません。

自分や家族の身体を再生産するための必要労働以上の労働、これが「剰余価値」あるいは

「剰余労働」と呼ばれるものです。労働力商品化によって生きた労働力が使役されることで、まず「必要労働」が達成される。それ以上の価値が作られる、その部分が「剰余価値」になり、資本家はこの部分を搾取するわけです。これが一八四七年に『賃労働と資本』によって述べられたことです。この法則はいまの日本の現実にもそのまま当てはまります。

その成果をもって、マルクスはさらに次の段階に向かいます。当時、ヨーロッパで生まれた義人同盟という、共産主義運動の秘密結社がありました。その秘密結社が、国際組織を作ろうとする動きのなかで、イギリスに亡命していたマルクスに『共産党宣言』の執筆を依頼するのです。マルクスは、エンゲルスと一緒に執筆することになります。エンゲルスはその前に『共産主義の原理』というテーゼ集みたいなものを書いていて、マルクスはそれも一応参考にし、他にもいくつかの著作を踏まえて、『共産党宣言』を書くことになります。これが一八四八年です。

『共産党宣言』の後半でマルクスは、ドイツのプロレタリアートとドイツ革命の運命について書いていています。ドイツは後進国なのでまだブルジョワ革命を達成していない。一八四八年段階では統一ドイツが成立していないので、封建的な要素が残存する絶対主義的な社会だった。ドイツはフランスのように、まず市民革命を達成しなくてはいけない。ただ、ドイツにおける市民革命はただちにプロレタリア革命に転じることができるだろうと、マルクスは言っています。のちにこれは二段階革命論と言われます。

ロシア革命も同じように理解されました。最初に一九〇五年のブルジョワ革命があり、引き続いて一九一七年のプロレタリア革命があり、これが二段階革命だ、と。絶対王政を倒してブルジョワ政府が成立し、その次に社会主義革命によって党による独裁が行われる。しかしそれはマルクスがイメージした二段階革命ではありません。政治権力を奪取した主体が替わっただけですから。

農村共同体も変革の拠点になる

重要なのは、ドイツのブルジョワ革命はただちにプロレタリア革命に転化するだろうとマルクスが言うとき、マルクスは、革命は複合的である、複合的に成立する革命がありうると考えたということです。

その約一〇年後、一八五九年の『経済学批判』の「序言」のなかでは、共産主義への移行の条件として、「一つの社会構成は、すべての生産諸力様式がその中ではもう発展の余地がないほどに発展しないうちは崩壊することは決してなく、また新しいより高度な生産諸関係は、その物質的な存在諸条件が古い社会の胎内で孵化《ふか》しおわるまでは、古いものにとってかわることは決してない」とマルクスは言っています。革命運動の実現化ということでいえば、ある意味で非常に保守的な立場をとっている。市民社会、資本主義社会の成熟の後で、十分な生産力をそなえてから共産主義に移行しなくてはいけないと言っているわけです。

しかし、『共産党宣言』のドイツ革命に関する言及を読めば、社会的に成熟していなくても社会主義への移行は可能だということになります。

マルクスがそう書いた一つの理由は、一八四八年の欧州革命にともなって急進化する政治状況下で、ブルジョワジーを打破してプロレタリアートによる政権奪取を行うことができると考えたであろうことであり、もう一つは、共産主義革命と資本主義革命と市民革命が、必ずしも経済的発展に依拠せず、同時に複合して成立しうるという現実認識だったと思います。

一八六七年以降、マルクスがアイルランド問題などを通して民族問題を分析していく過程で、あるいはアジア的生産様式やインド問題やロシア問題などの非西洋世界における共産主義革命の可能性について考えていくときに、伝統的な所有形態や社会関係が急進化して、資本主義下の最先端の労働運動と結びつくことによって、社会変革の力になりうると言っています。つまり、生産力が十分に発展していなくても、伝統的な関係が共産主義的な関係に変わることがありうると言うわけです。

晩年のマルクスはそのことをはっきり意識していました。

一八八一年、ロシアの女性革命家のヴェーラ・ザスーリチからの「わが農村共同体のありうべき運命についての、また世界のすべての国が資本主義的生産のすべての段階を通過することが歴史的必然であるという理論についての、あなたの考えを教えてほしい」という質問、つまりロシアの農村共同体が資本主義的なプロセスを経ずに変革の拠点になりうるかという問いに対して、「この共同体はロシアにおける社会的再生の拠点であるが、それがそのようなものとして機能しうるためには、まずはじめに、あらゆる側面からこの共同体におそいかかっている有害な諸影響を除去すること、ついで自然発生的発展の正常な諸条件をこの共同体に確保することが必要であろう」という、「ヴェーラ・ザスーリチの手紙への回答」にある有名な言葉としてあらわれる。

つまり一八四八年の『共産党宣言』でのドイツ革命に関する主張が、マルクスの晩年にもう一度復活するのです。それは、『資本論』第一巻が出版された後のことです。

階級闘争をもとに歴史を把握する

話が先に飛んでしまいましたが、一八四八年に『共産党宣言』を書いた後、イギリスに亡命していたマルクスは、フランス共和政においてナポレオン・ボナパルトのクーデターが成立した現状を見据えながら『ルイ・ボナパルトのブリュメール18日』を書き、『フランスにおける内乱』を書き、『フランスにおける階級闘争』を書きます。フランス三部作です。

『ルイ・ボナパルトのブリュメール18日』は、ナポレオン・ボナパルトのクーデターの過程を追いかけて、一八四八年以降いかにフランスの共和政が反動化したかを分析した著作ですが、この本のなかでマルクス流の唯物史観というものがあらわれてくると言っていいと思います。「歴史の唯物論」という言葉は『ドイツ・イデオロギー』のなかにすでに出てくるのですが、まだはっきりしたかたちにはなっていなかった。フランスでの実際の内乱の進行を見て、マルクスは階級闘争をベースにして歴史を把握することを本格的に身につけ、史的唯物論・唯物史観を確立していくことになります。

この立場は、もちろん『共産党宣言』の立場でもあるし、共産主義革命がどういう条件で可能になるのかという議論にもつながります。『ルイ・ボナパルトのブリュメール18日』で有名なのは、「歴史は繰り返す。一度は偉大な悲劇として。もう一度はみじめな喜劇として」という文章です。フランスにおける労働者の反乱から共和政が生まれ、ナポレオン・ボナパルトのクーデターによってもう一度反動政府があらわれるまでのプロセスを、マルクスは階級間の葛藤を通じて描き出していきます。

当時のフランスは、イギリスほど資本主義が発展していなかったので、各階級の自立や階級分化がそれほど進んでいません。労働者階級とか農民階級、地主階級とか資本家階級が、まだ自立し切ってはいなかった。そういう曖昧さを含んだ社会関係は、経済的関係だけですべて説明できるわけではなくて、それぞれの力関係がどのような政治的代表を作り上げていくのかという観点にマルクスは比重を置いて、状況を分析していきます。それが階級闘争をベースにして歴史を把握するということです。

唯物史観というと、経済的要因からすべてを説明すると見られがちですが、マルクスは社会運動の諸形態のぶつかり合いに根拠を置いて説明していくのです。

歴史の原動力は階級闘争であると言うとき、その担い手はプロレタリアートだけではない。ブルジョワジーも農民も入っているし、ルンペンプロレタリアートといわれる日雇いの労働者、非正規の労働者、組織されていない労働者たちも入っています。マルクスは、ルンペンプロレタリアートを、たやすく反動に手を貸してしまう階級として描くことが多くて、これはその後ずっと問題になってきた概念でもあります。

筆者は、最下層に追いやられた人々が権力に協力することで圧政を強化してしまうことへのマルクスの断腸の思いがそういう表現を生んできたのだとは思いますが、非正規労働者の人間解放を考えなければならない今日、この問題はさらに深く考えていく必要があると思っています。

『経済学批判』から『資本論』へ

マルクスは、さまざまな存在が階級闘争の担い手であり、社会の担い手であるということをフランス三部作で実証してみせました。

『ルイ・ボナパルトのブリュメール18日』を書いた後、一八五七年から五九年の間に『経済学批判』を書きます。これは草稿集ですが、のちに『資本論』につながる思考の原型がここでできていきます。『経済学批判』の「序言」についてはさきほども触れましたが、社会構成体の変化の歴史を記述しています。原始共産制、ローマ的な時代、アジア的な生産様式、封建制、資本主義、そして共産主義へという、社会構成体の変化によって歴史は進歩してきたと書いています。

これは一元的な発展史観であるといわれて批判されることになりますが、その見方は『資本論』にも残ってしまう。『経済学批判』では、のちに『資本論』で展開される、商品論、資本蓄積論、恐慌論などの体系的なプランも提示されます。

そして一八六七年に『資本論』第一巻が刊行されるわけですが、その少し前の一八六四年には、第一インターナショナルができて、国際社会主義運動、国際共産主義運動が開始されます。マルクスはその中心にいて、プルードンやバクーニンといった、無政府主義やユートピア的共産主義を志向する思想家を批判します。

一八七五年には、ドイツ社会民主労働者党がドイツ社会主義労働者党というかたちで統一されることになるので、この統一にあたって綱領を作るのですが、マルクスはその綱領へのコメントを求められ、『ゴータ綱領批判』という文章を書いて、そのなかで共産主義の理念についてかなり具体的に述べることになります。共産主義の最初の段階は「各人は能力に応じて働き、労働に応じて受け取る」社会ということになるが、やがて「各人は能力に応じて働き、必要に応じて受け取る」社会へと発展する、と。

また、ここであらためて労働と労働力の区別を皆わかっていないということを強調しています。そういう意味で、『ゴータ綱領批判』もマルクスの入門書にふさわしい内容なのです。

『資本論』は、「第一巻　資本の生産過程」「第一篇　商品と貨幣」「第一章　商品」から始まるのですが、そもそも資本主義を分析するとき、なぜマルクスは「商品」の分析から始めるのか。なぜ歴史的な記述で始めないのか。ローマ時代にも貨幣は使われていたわけで、資本主義への道のりを貨幣の歴史として記述したほうが説得力がありそうなものです。あるいはアダム・スミスのように、重商主義の時代に世界的な労働市場がどのように始まったのかというところから書くこともできたでしょう。つまり歴史的に順を追って書いていく方法があったはずです。

我々の『資本論』を書くべき

しかしマルクスは、商品という資本主義の一つの特徴をあらわすものを取り上げて、商品はどのように形成されるのか、労働力が投下されることで商品の価値が決まるがその価値とは何なのか、ということを問うていきます。

資本主義社会においては、たとえばペットボトルと腕時計という値打ちも目的も違うものが、なぜ比較可能なものとしてあらわれるのかということを説明しないかぎり、資本主義的な価値というものを説明できない。価値を説明するには商品を取り上げることから始めないといけない。マルクスはそういう論理構成を考えることによって、資本主義の秘密、価値法則を明らかにしようとした。

価値法則を明らかにすることによって、価値が貨幣に転じ、貨幣の量で人間の値打ちや社会の値打ちや物の値打ちが換算されるようになる仕組みを暴露していくわけです。それを説明した後で、いかにそういった関係性の再生産が行われるのかという蓄積論が説明されていきます。逆に言えば、資本主義的に形成される価値のあり方が変わらないかぎり、人間がプロレタリアート（ラテン語の語源は自分の子供や子孫以外何も持たないもの、という意味です）として搾取される社会関係は続くということです。価値についての議論は、それを変える運動の性格も規定しているのです。資本主義的な生産様式のもとでは人間解放は実現しないということでもあります。

第二巻、第三巻はマルクスの目論見では、利子生み資本を中心に、いまの株式会社や信用制度の話になっていくはずでした。それは今日の金融資本を考えるうえで重要な考察を多く含んでいます。しかし、第二巻の準備をしている途中で、マルクスは一八八三年に死んでしまいます。そのため第二巻以降は、残された草稿をエンゲルスが再整理していくことになりました。これが大きな問題を孕《はら》んでいた。いま現在、マルクスが本当に書こうとした『資本論』を復元しようという再編集が進んでいます。

マルクスが狙ったのは、我々が頭のなかに、資本の運動をイメージできるようにすることだったのです。資本の運動を体系的にイメージすることによって、個別に起きている経済現象をどう位置づけるのかがわかるようになる。そういう能力を労働者が持たなければいけない。そうでなければ資本主義のなかで生きていくことも、まして闘うこともできないとマルクスは考えました。

資本の運動というものの全体像は『資本論』全三巻が完結することによって可視化されるとマルクスは構想していましたが、残された第二巻、第三巻のノートをエンゲルスが編纂《へんさん》し直してしまい、その後カウツキーの手に渡ったり、ソ連共産党の手に渡ったり、『資本論』の第二巻以降のテキストは歴史のなかで翻弄されてきたのです。それを新MEGA（Marx-Engels, Gesamtausgabe、マルクス・エンゲルス全集）として復元する作業がいま行われている。

マルクスの原典を再編集するこういった作業と連動して、いま我々がやるべきなのは、今日の状況のなかで『資本論』をアップデートする作業だと思います。マルクスの『資本論』

を大事なテキストにしつつ、しかしマルクスが今日の価値法則をすべて描き切るなんて不可能なわけですから、我々が我々のあり得べき『資本論』を書いて、それを現実のなかで使っていかなければならない。つまり、『資本論』はいまの日本の現実のなかで日々アップデートされるべきテキストだということです。

複数の革命のあり方がある

以上が、主な著作から見たマルクスの歩みですが、もう一つだけ論点を付け加えたいと思います。それは革命というテーマに関わることです。マルクスの時代は、一八四八年の欧州革命もまさにそうでしたが、政治的な革命は暴力を伴っていました。平和的な革命なんてありませんでした。

しかし重要なのは、先に触れたように、「複合的な革命」という視点が『共産党宣言』にあったということです。そして一八六七年以降の晩年に、アイルランド問題やインド問題やロシア問題を通して、伝統的な共同体が急進的な革命の基盤になりうるという着眼点をマルクスは持つようになる。それは、先に引用した「ヴェーラ・ザスーリチの手紙への回答」にあったように、先進資本主義国の階級闘争や労働運動と結びついているという条件のもとでですが、その場合に複合的な革命がありうるという立場です。

つまり、歴史は単線的に進むのではない。複数の革命のあり方がある。たとえば開発独裁で歪《いびつ》な近代化を遂げている国で、開発独裁が終わったとしても新たに強権的な弾圧があるためにストライキすらできない。労働組合はいつも弾圧されていて、一方にはゲリラが活動している。そういうふうにしか抵抗を展開できない社会であっても、そこに共同体的な紐帯《ちゅうたい》があるとしたら、それがよりよい社会を作る新たな拠点になりうるということです。

さまざまな社会のなかに、解放への予兆を宿したさまざまな要素が秘められていると考えることが、複合的な革命という視点なのだと思います。そのことが、著書として刊行されていない、晩年のマルクスの抜粋ノート集に読みとれます。

一八七一年のパリ・コミューンの敗北のあと、一八七二年から八三年にかけて、非西洋農業社会の転回に焦点をあて、特に一八七九年から八二年にかけては、今日ではクレーダー編『古代社会ノート』と呼ばれている、ルイス・ヘンリー・モーガンなどの古代社会論や、アフリカ、ラテンアメリカ、ネイティブ・アメリカン、アイルランドにおけるジェンダーと親族関係、南アジアの共同体などについての、三〇万語以上におよぶ抜粋ノートが作成されました。このノート類が重要だとみなされるようになっています。

それを復元していく作業もいま行われていて、『共産党宣言』のときはヨーロッパ中心だったマルクスの視点は、少なくとも一八六七年以降はそうではなくなったということが明らかになりつつある。晩年のマルクスのなかにあったさまざまな革命のイメージ、あるいは社会変革のイメージは、いま我々が閉塞した社会に風穴を開けようとするときに、大切な示唆を投げかけていると思います。

第三章　ますます暴走するアホノミクスで新大日本帝国が目前に

二一世紀版大日本帝国

二〇一九年から二〇二〇年は、日韓関係がかつてなく悪化した時期という意味でも記憶されると思います。歴史を背負った国同士の葛藤ということであれば、どの時代、どの地域にも起きてきましたが、それを解決に導く外交というものも存在してきました。

日本と韓国の間では、かつて日本が韓国を植民地支配し、それに端を発する政治的混乱や両国の感情のもつれの歴史がありました。いままた過去に遠因を持つ韓国側の強い反発があるわけですが、それに対して日本側は強硬姿勢をとり続けています。両国間を調停するような真っ当な外交が存在しない。日本では、政治家にも、メディアにも、また社会においても、韓国に対しての侮蔑的で傲慢《ごうまん》な態度が多く見受けられます。

こういう社会状況を見ると筆者は、いよいよ二一世紀版大日本帝国と新大東亜共栄圏の構築に向けて、韓国、中国に対して露骨に見得を切り始めているのではないかという気がしてきます。ヘイトの潮流は、じつはアホノミクスと大いに関係があると思うのです。一〇〇年前から逆照射してみましょう。

アホノミクスは、これまでひたすら富国強兵の経済基盤づくりというスタンスで進んできました。二〇一八年、アホノミクスの大将は、明治維新一五〇周年の記念行事を派手に行いました。なぜ明治維新一五〇周年にこだわったかというと、いま自分がやろうとしていることに重なるからです。

明治維新は「富国強兵」「殖産興業」「立身出世」という三つの標語で国民を煽り立てました。「富国」はアホノミクス、「強兵」は憲法改正、「殖産興業」は海外の開発プロジェクトをオールジャパンで受注すること、「立身出世」は高度プロフェッショナル制度が対応します。

ただ筆者は、「明治維新一五〇周年」より、「一九一八年から一〇〇年」のほうが時代認識として重要だと思っています。第一次世界大戦は四年間続き、一九一八年に一応は終結しました。ただ、再び惨事を繰り返さないためには、どんな新たな世界体制を作るべきかという議論が中途半端に終わったと思えてならないのです。

本当は、覇権が低下した大英帝国や新興国アメリカの位置づけを含め、ヨーロッパの政治経済秩序をすべて考え直す必要があったはずです。

ところが、各国は既得権益に固執する空気になっていった。戦前の体制に復帰することばかりを考えた。慣れ親しんでいた覇権と秩序の構図に戻りたい。この願望が、本格的な反省や展望を不可能にしてしまったのです。

「世界の真ん中で輝く国」の危険性

イギリスは何事もなかったかのごとく、大英帝国の栄耀栄華が戻ってくることを切望し、夢見た。フランスも植民地大国の地位を維持したいと思う。新参者のアメリカは、新秩序の構築をリードするよりは、自分の地位を確かなものにしていくことに専念したかった。戦争当事国が皆、自分さえよければという思いを強く押し出し、戦勝国と敗戦国が互恵的な発想で本格的な和解をすることができなかったのです。

第一次世界大戦前の秩序をそのまま残しながら、敗戦国ドイツは悪者だといって徹底的に制裁し、ひたすら追い込む格好になりました。苦しんだドイツは恨みつらみをため続け、それがヒトラーの台頭を招いた一因になったと言えます。

各国とも、現実を徹底的に直視することができなかったために、世界は後で泣くことになります。きちんと決着がついていない勢力争いが、わずか二〇年後に第二次世界大戦という新たなかたちでよみがえるのです。それが一〇〇年前の教訓だと思います。いままさに、同じことが起きているのではないでしょうか。

トランプ親爺は「米国を再び偉大にしよう」と絶叫して登場し、保護貿易を訴える。一方、妖怪アホノミクスは露骨に「日本を取り戻す」「強い経済を取り戻す」「誇りある日本を取り戻す」「戦後レジームからの脱却」と言ってきたのです。この「取り戻す」という後ろ向きの感覚が、一〇〇年前といまとの、とても怖い共通点です。

ハンガリー、チェコ、スロバキア、ポーランドでも、「祖国を取り戻したい」という動きが高まっている。彼らは、ソ連邦の崩壊によって自主権を取り戻したはずです。そこを出発点にしっかりした民主主義国家の樹立に向かうはずでした。ところがいまや、強権的な右翼民族主義者たちが政治を主導する立場に就き、ファシズム体制を作り上げようとしています。

みんなが何かを取り戻したがっている。この空気を一言で表現するなら「愛僕主義」。I love meの指導者ばかりです。そういう輩《やから》が国難突破を口にするとき、それはじつは「僕難突破」を意味している。要は「自分さえよければ」「僕ちゃんがかわいい」「僕ちゃんが偉い」「僕ちゃん、好き」。愛僕と国粋は結びつきやすいのです。

そして、国粋はファシズムに通じます。

日本は、日清、日露戦争に勝ち、第一次世界大戦では日英同盟を結んでいたイギリスに参戦を持ちかけましたが、イギリスからは、「ヨーロッパまで来なくていいから、アジアの面倒を見てください」と言われます。それだけ侮りがたい存在だと思われ始めていた。日本は気を良くしていたのです。それが大東亜共栄圏につながっていく。

大正デモクラシーの時期にも、強さの幻影というか、列強に入れたという高揚感があった。日本は、誤った海外進出に勢い込んでいたと言っていいと思います。

いま、あのときにあこがれてやまない「僕」、妖怪アホノミクスが、強い国、誇りある国、世界の真ん中で輝く国を作りたがっている。そして、「僕が、憲法改正も含め、すべてやってしまおう」と企んでいる。これぞ、本当の意味での「国難」です。

働き方改革は成長戦略

新大東亜共栄圏を企むアホノミクスですが、働き方改革というやつを前面に押し出したところで、次のフェーズに入ったという観があります。

最初は3本の矢（いわく、「金融緩和という大胆な金融政策」「機動的な財政政策」「民間投資を喚起する成長戦略」）だとか新3本の矢（いわく、「希望を生み出す強い経済」「夢をつむぐ子育て支援」「安心につながる社会保障」）とかいう言い方をしていたころから、金融政策がどうしようもない袋小路に自らを追い込んだという局面を経て、妖怪アホノミクス自身が、「量的質的緩和をいつまでも続けていいなどとは毛頭思っていない」などということを言い出すようになった。

その段階からもちょっと進んで、彼らが進めようとしている一億総動員体制、一億総活躍推進という幟《のぼり》を上げたことの一つの具体的な帰結が働き方改革だったと思います。

働き方改革なるものの根本にして究極の目的は、これによって圧倒的に生産性を高めるということなのです。これは『資本論』と緊密に関わる部分だと思いますが、労働者という名の働く機械ないし労働ロボットの生産効率を、可能な限り高いところに引き上げるというのが働き方改革と称するものの実体だと思います。チーム・アホノミクスは、チャップリンの『モダン・タイムス』的な働き手の姿を、あの手この手で作っていこうとしている。

彼らは明確に、働き方改革は成長戦略だと言っている。筆者はここがものすごく重要なところだと思っているのです。彼らの本音がそこに完全にあらわれている。働き方改革という言い方をしていながら、社会政策とか労働政策という観点からは、このパッケージをまったく位置づけていないのです。

なぜ成長戦略なのか。それは働き方改革が、一人あたりの生産性を上げれば経済成長率が上がり、少子高齢化にもかかわらず経済活動の規模を大きくできるし、そして国際競争力を強化できるという構想によって支えられているからです。つまり、働き方改革によって生産性を上げるという流れが明確にあるわけです。

ただ、彼らは少子高齢化を国難だというふうに認識していて、それは、人の頭数が減ると経済を大きくできないということが強く念頭にあると思うのです。だからこそ、それを補うための生産性引き上げ大作戦、これが働き方改革の実体であると思います。

日本人洗脳大作戦が進む

じつは働き方改革という戦略のなかの最大の狙い目というか、当初はそれが唯一の目的だったのが、「柔軟で多様な働き方の推進」というスローガンで言うところのものです。つまり、兼業副業オッケーです、高度プロフェッショナル制度によって働いた時間ではなく成果で評価される世界を作りましょう、皆フリーランサーになりギグ・ワーカーとして、要するにお座敷芸人となって華麗にパフォーマンスしてください——これだったのです。同一労働・同一賃金と長時間労働の是正というのは、後から、いわば仕方がないからくっつけたものです。そして、仕方がないからくっつけた、同一労働・同一賃金も、長時間労働の是正も、生産性の向上に紐づけて、働き方改革の重要テーマとして取り組んでいく。つまり働き方改革とは、日本をフリーランサー大国にすることによって一億総動員体制を徹底的に効率のいいものにするということが重要な柱になっているのです。

もう一つは、人生一〇〇年時代構想に基づいた日本人の再教育です。高等教育も含めた教育無償化のなかで、国民洗脳大作戦を進めていく。リカレント教育、生涯教育構想などという、大学に高齢者を呼び込むプランも含めて、極端な言い方をすれば、若者から高齢者に至るまで、日本人を労働する機械にしてしまおうという構想ということになるのではないでしょうか。

大学教育の無償化が二〇二〇年四月から始まります。これは二〇一七年一二月に閣議決定されましたが、低所得世帯だけが対象になっています。そして、二〇二〇年四月から始まる大学教育でいえば、教育無償化導入のバーターとして、実務教育の導入が条件になっているのです。教育無償化の対象となる大学の要件として、企業などで実務経験がある実務家教員を入れないと、その恩恵にはあずかれないとされています。そのほか、学生のGPA（Grade Point Average、学生の成績評価）の厳しい管理、外部人材の理事任命などが定められています。ここに、政府がどのような人間を教育したいかが如実にあらわれていると思います。

人文系の廃止や縮小を強いる教育改革、実学重視の傾向などと相まって、物事を深く考えず効率的に働く人間を作り出していくという構想が、現実化しているのです。これは働き方改革と表裏一体であり、がっちりと連動しています。

日本人洗脳大作戦がいままさに進められている。子供は子供で洗脳し、大人は大人で洗脳し、リベラルアーツ的なるものを次々と後景に追いやる。「金融リテラシー」「株式リテラシー」「貯蓄リテラシー」に「投資リテラシー」……いまや何でもかんでも「リテラシー」という感じですが、これは「実学能力」とでも言うべき用語です。

ところでこの日本人洗脳大作戦とは、『資本論』でいえば、第一章第三節「価値形態または交換価値」で言われる、「商品語」の世界の展開でもあるのです。マルクスはこう言っています。「商品の分析が先にわれわれに語ったいっさいのことを、リンネルが他の商品、上着と交わりを結ぶやいなや、リンネル自身が語るのである。ただ、リンネルは、自分だけに通じる言葉で、商品語でその思いを打ち明ける」。

商品が生まれる世界は、その使用目的や投下された労働量からすれば、それぞれ交換可能でないものが交換可能になってしまう世界です。言い換えると、商品は、自分の価値をほかの何かの生産物によってしか表現できません。その最たるものが貨幣です。それはまるで商品自身が「しゃべる」世界です。そしてさまざまな交換形態をとって、すなわち口調を変えながら運動していきます。

生きた人間はこの運動の主人公ではありません。むしろ商品がおしゃべりする運動に従属し、人格は蹂躙されます。それは「経済的範疇の人格化である」とマルクスは書いています。「商品語」をめぐる議論は近年の『資本論』研究の中で注目されるものの一つです。ともあれ、人間の労働をギグ化し、それに合わせて社会を作り変え、人間を洗脳していくというアホノミクスのいまの姿は、資本主義が生まれて初めて、その最も暴力的な「商品語」の世界を、国家自体が公然と進めるようになった時代だと言えるのではないでしょうか。

アホノミクス的教育改革

人々を効率的に働く機械として再教育し、一億総活躍体制へと新たに洗脳し、老いも若きも男も女も総動員する。それによって、政府の「第5期科学技術基本計画」が提唱する「ソサエティ5・0」なる未来社会モデルを完成させ、そこでは、ロボットやAIやドローンなどとともに効率的に生きる人たちだけが繁栄を手に入れる。「ソサエティ5・0」については後刻、詳細な批判をしたいと思っていますが、アホノミクスの行き着く先、働き方改革が将来するのはそんな社会構想だろうという気がします。

そのプロセスにおいて「ソサエティ5・0」に馴染んでいくことのできない、そのなかに位置づけを見出すことができない人たちは、非常に安上がりなベーシックインカム制度を導入することによって労働市場から退場を強いられるということになりかねない。

「ソサエティ5・0」は、そのような凄まじい格差社会化、人々の差別・選別のさらなる深刻化をはらんでいるのです。アホノミクスの狙いは、そういうかたちで二一世紀型大日本帝国の経済社会的基盤を完成させることへと収斂《しゅうれん》してきているようなのです。

アジア諸外国に対する傲慢な態度や、屈折を含んだヘイト行為は、アホノミクスが作り出す極端な格差社会、怨嗟《えんさ》がこもらざるを得ない人間関係と、深く結びついていると思います。

国文学者の紅野謙介《こうのけんすけ》氏が、入試制度改革によって大学入試センター試験に代わる大学入学共通テストの批判をしています。通常の国語のセンター試験なら、古文があり漢文があり現代文があり小説があるんですが、目玉は記述式問題でした。記述式問題は、二〇二一年の入試での導入は見送りが決定しましたが、ここには「ソサエティ5・0的教育観」がよくあらわれていました。

記述式問題というと、一見、じっくりと思索して考えをまとめて文章化するという、人文的教養を問うものと思われるかもしれません。ところが、です。二〇一七年五月に大学入試センターが公表した新しい大学入学共通テストの国語記述式問題のサンプルは二つあって、一つは空き家の増えた街の「街おこし」と「景観保護」についての住民への負担や規制の是非を問う問題、もう一つは駐車場契約の利用者と貸主の間のトラブルへの対処法を問う問題でした。

文学を通して人文的な感性を深めるなどというものではまったくなくて、実務的な課題に対して、いかに調整や調停をしながらより現実的な結論を出すか、まさにコンプライアンスの実現能力を国語教育でやろうとしている。

そういう教育改革の流れに、記号論の哲学系の先生や研究者なんかが回収される現象も見られるのです。動員された研究者が、そのような実学的なモデルテストの作問をしたりしているわけです。人文系が縮小されていく一方で、実学教育のほうに帰順していく学者たちもいるのです。

二〇〇四年に文科大臣が認証する評価機関なぞというものが大学等を評価する「認証評価制度」なるものができました。しかしこの評価機関自体も、また大学教育の何をもって良しとするかという評価基準も、限りなくアホノミクス化していくことが考えられるでしょう。

こういうものは、悪用しようと思えばいかようにでもできる。まさに検閲のための手段、抑圧のための武器として活用されてしまうのではないかと危惧します。

下心が経済を根腐れさせる

チーム・アホノミクスは経済社会の改造を急いできたわけですが、彼らは邪《よこしま》な下心をもって経済運営をやることによって、じつは実体経済を根腐れさせてきたのです。経済全般がうまくいかなくなっているわけです。

いくら日銀が必死でカネを送り込んでも鳴かず飛ばずで、人々はカネを使わない。そして人手不足と言われながらも貧困率は高いレベルに張りついたままです。企業も萎縮してしまっている。収益率を上げろと尻を引っ叩かれて、優良企業としての格付けを得られなくなると大変だと、自己資本利益率を八パーセント以上にもっていくことに汲々《きゅうきゅう》としているから、自由な発想で新しいことをやることができない。

結果として、チーム・アホノミクスが追求しているはずの国際競争力の強化とか研究開発力の強化ということが進まなくなっている。邪な経済運営をやっていることが裏目に出て、活力と創造性に欠ける格差経済になってしまっている。

そこから脱却して局面を打開するためにこそ、働き方改革なるものを登場させ、これを徹底することによって強引に生産性向上という成果を上げることが目標化されていると言えると思います。

下心経済に関連して、このところ妙なものが話題に上がるようになっています。たとえば、いま議員汚職が次々と発覚しているIR推進法。日本をカジノ化、総合リゾート化するというこの法案を、チーム・アホノミクスは成長戦略として位置づけています。

それと、ナイトタイムエコノミー推進というのもある。夜中遊ぼう、というやつです。政府は、観光を「成長戦略の柱、地方創生の切り札」とし、そこにからめて「ナイトタイムエコノミーとは、18時から翌日朝6時までの活動を指します。地域の状況に応じた夜間の楽しみ方を拡充し、夜ならではの消費活動や魅力創出をすることで、経済効果を高めることを目標とします」(国土交通省)などと言っている。こういうとんでもないものは、政策の根本的な堕落がもたらすのです。

もう一つ、いわゆるキャッシュレス化を猛烈な勢いで推進している。これは、人々がチーム・アホノミクスの監視の目が行き届かないところでカネのやりとりをするとか、現金を隠し持つようなことができない状態を大急ぎで作り上げようということです。

キャッシュレス化を推進しているのは、経産省です。日経新聞に何ページにもわたる「GoGo！キャッシュレス」とかいう大広告を出しました。世耕弘成《せこうひろしげ》経産大臣（当時）の全身写真があしらわれ、訪日外国人に向かって日本のキャッシュレス化をアピール、「ぜひ日本で安心してショッピングを楽しんでいただきたいですね」なんて台詞がフキダシに書き込まれていました。筆者はその紙面をちゃんと手元に取ってあります。

対韓ヘイトもアホノミクスの一環

これは筋違いなことなのです。物理的現金を電子現金に変えることの是非を検討したりすることは、端的に言えば中央銀行マターです。あるいは財務省マターでもあると思います。しかしそれを経産省がやる。人々のフリーランス化の推進も経産省がやっている。ということは、明らかにチーム・アホノミクス絡みの政策担当はすべて経産省に集約されているということです。厚労省や財務省や中央銀行は蚊帳の外に置かれている。

今後、経産省は文教政策などにも深く関与し、知のアホノミクス的再編と連動していく危険性が極めて高いと思います。チーム・アホノミクスは、いわゆる新自由主義的流れの一角を形成していると言われていますが、その抱いている下心の赴くところは極めて陰謀的であり、ファシズム的であり、帝国主義的であるということですね。そこが怖い。

国家主義を徹底的に二一世紀的な形で再編しようとしているのです。だから「ソサエティ5・0」というのは、まさに今日的な全体主義的な管理社会です。

本章のはじめに触れた対韓国ヘイトの問題に戻ります。政府同士の外交的な話をしますと、北朝鮮の核開発問題をめぐってアメリカと韓国が解決へ向けてのヘゲモニーを握ってしまい、日本は蚊帳の外に置かれてしまったことから、何とかプレゼンスを発揮しようという思いがあったと思います。なおかつ、元徴用工問題裁判で日本企業に賠償金支払いを命じた韓国大法院判決に対して報復措置が必要だということで、韓国を輸出管理の優遇措置を受けられる「ホワイト国」から除外するという政令改正を閣議決定するという事態になってきたわけです。

日本のこういった外交的突出を、「ニューヨーク・タイムズ」は「喧嘩腰の安倍政権」と批評しました。世界的にも強い違和感がさまざまに表明されている。

しかしこの突出こそ、狙い目の本音が出たということです。菅義偉官房長官は、「ホワイト国」除外措置は、日本の国内マターだからお門違いの批判をするな、などと言いながら、本質的な問題は韓国側のルール違反、徴用工問題を含めて国際協議に応じない態度が悪いとも言っている。ということはやはり、徴用工問題判決に対する報復としてやっているのだというシグナルも送っているということです。

韓国に対してこのように徹底的に高圧的な態度に出たことは、やはり新大東亜共栄圏狙いの戦略の一部に組み込まれているのだろうと思います。

韓国に対しては高圧的な姿勢をとり、中国に対しては敵愾心《てきがいしん》丸出しで応じている。一方、インドとはもう「ハグハグ」という感じでいこうとしている。チーム・アホノミクスの新大東亜共栄圏構想は、インド洋方面にも及んでいて、かつての大東亜共栄圏が取り込めなかったインドを、いまどう取り込んでいくかという姿勢も明確に見えている気がします。

本当は日米同盟からも脱却したい

新大東亜共栄圏構想は、アメリカとの緊張関係をもたらすという局面もあり得たでしょう。アメリカは日本に徹底的に従属国であることを求め続けてきたわけで、日本がアジアの盟主化することは歓迎しませんでした。それでもあえて、チーム・アホノミクスが新大東亜共栄圏構想を抱くというのは、じつはやはり戦後レジームから脱却したいといまだに思っているということです。

つまり日米関係においても、彼らはいまのような状態をそのまま踏襲したくないのです。独立独歩の新たな大日本帝国を作りたいというのが本音だと思います。

新大日本帝国建設に役立つ限りにおいて、その踏み台になる限りにおいて、とりあえずは日米安保体制も使う。しかし、日米同盟の重さを懸命に強調し、集団的自衛権の行使も必要と言いながら、本音では、日米同盟の強化ではなくて日米同盟的世界からも脱却し、戦前において実現できなかった新大日本帝国、新大東亜共栄圏を実現するというのが真の狙いだと思うのです。

だから、チーム・アホノミクスおよびアホノミクスの大将に対して、「対米追従一辺倒じゃないか」という批判ばかりをすると、それは敵に塩を送ることになるのではないでしょうか。対米従属だという批判に対して彼らは、「とりあえずはそうなんでございますよ。よくぞご指摘いただきました。もう少し待っていただくと、対米従属からものの見事に脱却してみせますぜ」と応じてほくそ笑むのではないか。こういうことを彼らに言わせるような批判の仕方をしてはいけないと、強く思います。

トランプ親爺が出てきたことは、妖怪アホノミクスにとっては好都合なのです。「世界のことなんかどうでもいい。自分はグローバル・プレジデントなんかじゃねえし、アジアのことは晋三にやってもらえばいい」という態度をとってくれることが多いから、やりやすくなった。ＴＰＰからもありがたいことに足を抜いてもらえたから、ＴＰＰは使いようによっては日本のやりたい放題となります。

まさに新大東亜共栄圏作りの足場として、いかようにでも使えると考えていると思います。

国家が乗り出す「反貧困」

ここで気をつけなければならないことは、「れいわ新選組」的なもの、ＭＭＴ理論的なものが、新大東亜共栄圏を下から支えてしまうかもしれないということです。彼らは新大東亜共栄圏を拒否しない可能性がある。いや、拒否する論理を持てないのです。拒否する体質を持っていたら、「れいわ新選組」などという名前はつけていないと思います。ＭＭＴのような、新国家主義的な経済理論を奉じないと思います。

一見多様性を包摂するような気配を見せながら、じつは目指しているところはたちの悪い国家主義かなというふうにも感じられるのです。

「れいわ新選組」が言う反貧困とはどのようなものでしょうか。それが結局どういう体制につながっていくかというと、国家は借金のことなぞ気にせずにバンバンカネを使って、要は国家が乗り出していくかたちで貧困救済をガンガン進めろと言っているわけです。つまり貧困者は、国が設計し国の枠組みによって国が出したカネによって救われるという構造を、彼らは思い描いていると思うのです。

貧困者と化してしまった個々の世帯が個々に求めるものが得られるようになるには、公共はどのように手助けしていくことができるかという考え方ではなくて、彼らが言っていることは、ある種の総動員のなかに引き込むかたちでの反貧困だと思います。

国家のお出ましによってやっていただくのがいちばんいいではないかという話ですね。そこに個別性がほとんどないということが、彼らの気持ちの悪さ、不気味さ、筆者がアレルギー反応を起こすポイントなのです。

教育の無償化や保育園・幼稚園の無償化も、そういう枠組みのなかに人々を取り込んでいくことに狙いがあるのであって、人々の個別的な痛みをどのように除去するかという発想ではまったくない。移民の排除というのも、個別性・異端性の最たるものである移民という存在への距離感から来ているのではないでしょうか。

ここにアホノミクス的なるものと、「れいわ新選組」的なるものが通じてしまう気味悪さ、そして両者の本質があるという気がします。

「世耕チーム」がうごめき出す

さて、インドを含めたアジア全域に支配をどういうふうに及ぼすか、その空間的な経済進出に向けた構想、そして経済はもちろん、教育や文化という人間の内面に関わる分野への戦略……チーム・アホノミクスは、新大日本帝国を作るための作戦をさまざまな領域をからませて進めているわけですが、この企みの張りめぐらせ方を中心的に担っているのは誰か、という問題があります。

中心にいるのは、一つはやはり経産省の人々ではないでしょうか。経産省といっても、これは世耕元経産大臣が整えた陣形であり、「世耕チーム」と言ったほうがいいと思います。その世耕チームが「『雇用関係によらない働き方』に関する研究会」とか、「智連社会研究会」とかのワーキング・グループ的なものをやっているわけです。

「智連社会」というのは、これからは知と知がつながるためにＡＩとかＩｏＴとかＩＴを駆使する高度情報通信ネットワーク社会だという陳腐な話なんですけど、「智連社会」に入り込むことができない人たちに対して、再分配の公平性を期して、ベーシックインカムで面倒を見るのはどうかということが議論されたことがあったようです。

世耕チームのような経産省傘下のワーキング・グループにせよ、厚労省傘下のワーキング・グループにせよ、必ずそこにチーム・アホノミクスがらみの民間委員がいて、同じような顔がそれぞれのワーキング・グループに入っているという、そういうキッチン・キャビネット的な状況があると思います。竹中平蔵なんかも、もちろんそこに入っている。そこが新大日本帝国建設に向けた基本的な舵取りをやっています。

そういうワーキング・グループの座長以下の民間委員の顔ぶれを全部調べ上げて、オーバーラップしている様子も含めて白日の下に晒したほうがいいと思います。

そこには経産省ＯＢだとかも入っているはずです。今度の韓国の「ホワイト国」除外問題でも、経産省ＯＢとか、経産省から大学に移った人とか、経産省で輸出管理関係の仕事をやっていた人なんかが、実務的な観点だと称して日本の外交政策を正当化するコメントを出すというのが目立ちました。

世耕的なネットワークには当然、電通などの広告代理店もからんでいると思います。しかしそれは、各省庁下にあるナントカ審議会というような表に出てくる組織とは異なる、民間のアンダーグラウンドなサポート組織という形態をとっています。当然ながら、旧内務省人事が日本の官僚社会を維持しているといわれるような、そういう闇の権力の系譜というのともまったく違う人脈です。

日本版「企業統治」の倒錯

シンクタンクについて、それを新たな政策提言組織として積極的な観点から捉える本は出ていますが、筆者がいまゲリラ的なジャーナリストに期待したいのは、「世耕チーム」的組織を、その構成者から、研究内容、相互連関、またアホノミクス的位置づけに至るまで徹底的に調べ上げて暴露する仕事です。

新大日本帝国を担おうとするなかには、やはり、「ソサエティ5・0」において馬鹿儲けしようと目論んでいる人たちも多くいるはずです。ＩＴ会社代表やメディア関係者が、出入り商人のように世耕的ネットワークに関わっている。

彼らはいったいどういう生き物なのか。

彼らに知的バックグラウンドがあるとは、筆者には想像できません。ないのだと思います。むしろ反知性主義というか、知性を馬鹿にしているようにしか思えない。彼らは、経営とか政策の世界に哲学や倫理や節度を持ち込むことを、敗北主義的ロマンチストがやることとみなします。そんなことをやっていると、日本はグローバル時代において場所を失って滅んでいくことになると恐怖している。

そういう論理を持っているから、彼らの手にかかると、コーポレート・ガバナンス——企業統治というのは企業の稼ぐ力を強化するためにあるという論法になってしまう。これは驚くべき論理の履き違えでもあるし、すり替えでもあるのです。企業統治を強化するというのは、二一世紀に入ったころに世界中で議論されたことです。企業が儲けのことばかり考えるというあり方に陥らないように、企業の社会的責任あるいは企業倫理という概念とセットで、企業統治が議論されたわけです。これが本来の意義です。

ところが、彼らがガバナンスを議論すると、そこには一言も社会的責任論が入らない。ひたすら稼ぐ力を強化するという議論になってしまう。二〇一四年に、『「持続的成長への競争力とインセンティブ～企業と投資家の望ましい関係構築～」プロジェクト』という、やはりワーキング・グループ的な組織が「伊藤レポート」というのを出します。座長だった伊藤邦雄という一橋大学の会計学者の名前をつけたものです。

じつはここで、日本版の「コーポレートガバナンス・コード」（企業統治原則）と「スチユワードシップ・コード」(機関投資家原則)というのが出来上がってしまったのです。それはまさに、「儲けろ、稼げ、そのためのガバナンスのあり方とはいかなるものか」という議論の仕方を徹底していて、それを集約すれば、日本企業は自己資本利益率を八パーセント以上に上げなければならないという大号令に至るわけです。そのために、内部組織の規制緩和的なことをどうやるかという、そういう話に向かっていく。

体制に奉仕する魂なき論客

同じ言葉を使いながら、企業統治論の本筋からは、信じられないほど遥か遠いところにもっていっている。こういうレポートを出す学者をマルクスなら何と呼んだでしょうか。魂なき論客？　歪な手下ども？　商品の代弁者？　妖怪化した金融資本？

さきほど述べた「スチュワードシップ・コード」という考え方の発祥は、イギリスです。企業統治の不徹底がリーマンショックを生んだという反省から、金融機関を中心とした機関投資家の原則的立場を規定したわけですが、この考え方を日本に導入する際に、うまく適合できるのかという議論が、かつてなら官庁エコノミストたちのなかでそれなりに丁寧になされたはずです。そういう官庁エコノミストという存在が、いまやなくなってしまった。これは、いまの時代状況のなかで危険だと思います。

三菱総研にいたとき、筆者は官庁エコノミストと戦うのが生きがいでした。逆に言えば、そういう緊張感の下で真っ当な議論が深まっていった。しかし、二〇〇一年に経済企画庁がなくなると官庁エコノミストが消え、いまいるのは官庁ネオリベラリストばかりなのです。

かつての官庁エコノミストたちには、自分たちは役人であるというより、やはり研究者であるという自覚のもとで、それなりに公正な議論をする人たちがいました。そういう人たちは、いまや御役御免になっているのではないでしょうか。官庁エコノミストがいなくなり、財界人がいなくなり、労働貴族がいなくなり、労働組合もなくなった。これがチーム・アホノミクス的なるものに対する、経済社会の防備を極めて弱体化させていると思います。

以前の私なら、財界人なんてけしからん奴らだと思っていましたが、いまもし財界四天王と言われるような人たちがいたら、企業統治ということをまったくすり替えてしまうようなことに対して、厳しい批判を行っただろうと思います。労働組合にかつての自動車総連の「塩路天皇」（塩路一郎）なんかが君臨していたら、働き方改革関連法がこんなにだらしなく通ってしまうような状況を生むことはなかったでしょう。

いま、体制に対峙し得た過去の権威にすがっても仕方ないことはわかっています。我々がこの状況の真《ま》っ直中《ただなか》で、徒手空拳で知恵を振り絞って、闘っていくしかない。しかし、筆者がつい懐古的な思いにとらわれるほど、アホノミクスによる経済破壊、社会破壊は凄まじいということです。

第四章　「ソサエティ5・0」という絶望社会

労働市場の再編が不可欠

「ソサエティ5・0」とは、政府が策定する「第5期科学技術基本計画」において、日本が目指すべきとされた未来社会像のことです。これまで人類社会が、狩猟社会（ソサエティ1・0）、農耕社会（ソサエティ2・0）、工業社会（ソサエティ3・0）、情報社会（ソサエティ4・0）と来たといって、それに続く第5世代社会ということらしい。

二〇一九年六月二一日に閣議決定された「成長戦略実行計画」で内閣府は、「サイバー空間（仮想空間）とフィジカル空間（現実空間）を高度に融合させたシステムにより、経済発展と社会的課題の解決を両立する、人間中心の社会」と宣《のたま》っています。知識資本主義に基づいて、人と物がつながる新たな価値が生まれる、と。ロボットやドローンが物を運んでくれ、AIによって必要な情報が必要なときに供され、福祉や医療など生活の末端までコーディネートしてくれると、いいことずくめです。

政府は、「ソサエティ5・0」においては貧富の格差、地域格差、少子高齢化などが解消されると言っています。「これまでの閉塞感を打破し、希望の持てる社会、世代を超えて互いに尊重し合える社会、一人一人が快適で活躍できる社会となります」と。現在の危機に向き合わずに、よくもいともたやすく空疎な理想を語れるものだとあきれるばかりですが、彼らがここでその前提として強調するのは、イノベーション（技術革新）です。科学技術の大変革が、新たな社会を可能にするというわけです。

しかし、内閣府による「ソサエティ5・0」の説明では触れられていませんが、その経済的基盤はイノベーションだけではあり得ず、じつのところ労働市場の再編が不可欠であるはずです。それは「ソサエティ5・0」の本当の目的と言っていいかもしれない。非熟練労働はITを軸にした機械に置き換えられていく。高度プロフェッショナル労働のかなりの部分もそうなる。

「ソサエティ5・0」に役に立つ人だけを社会の内部に取り込み、役に立たない人はベーシックインカムでも配っておいて退場してもらう。「ソサエティ5・0」は、人をそういう形で区別・差別・選別することが大前提になっている社会です。全員参加型の真っ当な社会とはおよそ遠い構造によって、「一人一人の人間が中心となる社会」（内閣府）を進めていく。

格差拡大、弱者排除、労働者のロボット化

つまりこの話は、AI化によって差別をなくすとか格差をなくすとかという綺麗事では済

まない。「ソサエティ5・0」なぞというキラキラネームに騙されてはいけない。同一労働・同一賃金も含めて、働き方改革による労働の再編、労働者の質的な再編が組み込まれているわけです。二〇一九年六月二一日に閣議決定された「成長戦略実行計画」においては、「ソサエティ5・0」が明確に成長戦略として位置づけられています。

「AI、IoT、ロボット、ビッグデータ、分散台帳技術（ブロックチェーン）など、第4次産業革命のデジタル技術とデータの活用は、19世紀から20世紀にかけて進んだ電力化や、20世紀末に進んだIT化と同じく、全ての産業に幅広い影響を及ぼす、汎用技術(General Purpose Technology：GPT）としての性格を有する」

「第4次産業革命は、労働市場にも大きな影響を及ぼす。現在、世界的に中スキルの仕事が減少し、高スキルと低スキルの仕事が増加する『労働市場の両極化（Polarization)』が進行している。高スキルの雇用を増加させるためには、機械やAIでは代替できない創造性、感性、デザイン性、企画力といった能力やスキルを具備する人材を育てていく必要がある」

ここに彼らの決意があると思います。彼らの本気度があらわれているのです。つまり「ソサエティ５・０」はチーム・アホノミクスが未来社会の理想を一つのイメージとして提示したというようなものではなく、格差拡大、弱者排除、労働者のロボット化などを前提とする新大日本帝国建設プランの一部なのです。

「成長戦略実行計画」では、「ソサエティ５・０」の戦略として「柔軟で多様な働き方の拡大」を改めて唱え、ギグ・エコノミーの推進や、フリーランスの有効利用についても言及しています。

有効に使われるか、適当に落ちこぼれさせられるか

ふたたび「成長戦略実行計画」を参照しましょう。

「付加価値の高い雇用の創出　第４次産業革命は、労働市場の構造にも著しい影響を与える。その構造変化の代表が両極化である。米国では、中スキルの製造・販売・事務といった職が減り、低賃金の介護・清掃・対個人サービス、高賃金の技術・専門職が増えてい

る。日本でも同様の両極化が発生し始めている。（中略）また、第４次産業革命や人口減少など変化が激しい時代には、企業も個人も、変化に柔軟に対応し、ショックへの強靭性を高める必要がある。このためには、第４次産業革命によってもたらされる分散化・パーソナル化の力に合わせて、働き方としても、多様で柔軟な企業組織・文化を広げる必要がある」

「第４次産業革命」すなわちインターネット・テクノロジーによって基盤整備された社会とは、基幹部門や流通部門の労働が、それに対応して高度に合理化された社会です。それは労働を、付加価値や副業によってさらに価値を生み出すことが期待される高度専門職と、非熟練単純労働に二分割します。ハイテクの夢を謳《うた》う「ソサエティ５・０」は、残酷な労働市場の再編を伴うことを隠していません。人々に「ショックへの強靭性を高める」ことを求めているからです。その典型的な事例が、社会の「モビリティ」を担う職種です。

「自家用有償旅客運送に協力する、具体的には、交通事業者が委託を受ける、交通事業者が実施主体に参画する場合の法制を整備する。この場合、事業者が参画する前提のため、地域における合意形成手続を容易化する。これにより、安全・安心な輸送サービスの提供を促進するとともに、実施主体の負担を軽減する。必要な法案について、2020年の通常国会に提出を図る」

すでにタクシー業やフードデリバリーサービスで世界展開しているウーバーがそうであるように、自己負担・自己責任のフリーランサーによる交通業が業界を支配し始めています。しかし交通業者たち、ドライバーたちは会社に雇用されているわけではないから自営業者とみなされ、労働法で守られる権利を持てないのです。利用者も自己責任でそれを利用するのだから、「相乗り」のリスクを受け入れなければなりません。その責任は「地域における合意形成」へと転嫁されています。そのためには当然のように、地域社会のセキュリティ・ビジネス、すなわち官民合同の治安管理体制が必至となってくるのです。

少子高齢化という労働者の数が減っていく時代に対する彼らの構えは、一人あたりの生産性を上昇させて、それをもって少子化を補ってあまりある超効率社会をつくる、という恐ろしい発想のようです。「ソサエティ5・0」のことを、別名「超スマート社会」と彼らは言っているわけで、そういう超効率的な再生産マシーンつまり付加価値再生装置を確立しようと企んでいる。そこにはまり込んでいく人たちは有効に使い、そうでない者は適当に落ちこぼれさせていくという構図です。

MaaSの役割とは何か

「ソサエティ5・0」が謳うように、地方格差、都市と農村の格差を是正するには、モビリティ（移動能力）をどう確保、維持、増大させるかということが、彼らのなかで問題になってきます。そうするとウーバーのようなフリーランサーの運転者がいっそう必要になる。彼らは、これも雇用の創出だと言うわけです。つまり、単純労働・非熟練労働に関しては、可能な限りフリーランサー化していくということです。

最近、ＭａａＳ（Mobility as a Service、サービスとしての移動）という言葉が出回っています。流行らそうとする強制力を感じるほどですが、これは、電車、バス、タクシー、ウーバーのような配車システム、ライドシェア、シェアサイクルなど、公共交通か否かを問わず、あらゆる交通手段をＩＴによって一つのサービスとして結びつけて、効率よく使えるようにするということのようです。我々は、移動の際にスマホのアプリなどで最適な経路と交通機関を調べ、所要時間や料金を知ったりしていますが、ＭａａＳによれば、予約や決済もできるようになると喧伝されています。

日経新聞は「ＭａａＳ急拡大」と一面トップで大々的に報じていました。規制緩和が必要なので日本は立ち遅れそうだとか、制度の壁がなお高いだとか、そういった論調でした。

国交省が二〇一九年八月に出した「スマートシティの実現に向けて（中間とりまとめ）」という文書にはこうあります。

「『Society5.0』の実現は、まちづくり分野においても大きなインパクトをもたらす可能性がある」

「そこ（これからの都市）では、ＭａａＳ（Mobility as a Service）のようなスマートシティのアプリケーションが、生活者の経験的な活動を充実させるため、鉄道からタクシー、カーシェアやサイクルシェア等まで、多様な交通機関をシームレスに繋ぎ、生活者がひとつの活動から次の活動へと、都市を快適にナビゲートするための補完的な役割をもつ」

「ソサエティ５・０」の実現と、次世代モビリティとしてのＭａａＳを結びつけて推進するという議論は、政府筋の文書でかなり見られるようになっているのです。ここでは、「スマート社会」の具体的な都市計画版として「スマートシティ」という概念が出されています。

キャッシュレス化を推進する理由

都市と農村をつなげるというお題目において、「ソサエティ５・０」がモビリティを高めることと密接につながっているように、ＡＩ化によって社会が無人化の方向に向かうと、キャッシュレスが推進されることになります。キャッシュレスも「ソサエティ５・０」実現のための具体的戦略に組み込まれているのです。

キャッシュレスは決済の自由度を高めるなどと言われておりますが、本質的にはまったくそうではありません。極端なケースになりますが、国家はデジタル決済ができなくなった者を完全に経済活動から放逐できるのです。物理的現金であれば、それを持ってどこかに逃げるとか、地下に潜ることも可能ですが、電子現金というのは使用者のＩＤと結びついたそれしか使えないということなので、逃げようがない。

かつての封建領主の領地内で農奴として農地を開拓していた者や、あるいは封建領主の家の召使いだった者は、その領地内でしか通用しない藩札などで給料を貰っていたから、未来永劫隷属させられることになり、そこから逃げ出していけなかったわけです。キャッシュレス化というのは、形を変えた封建的支配体制に統合されることであり、事実上奴隷になるという、そういう側面を持っていると思うのです。

ビットコインなどのいわゆる「仮想通貨」がブームとなり、これがデジタル決済を推奨するキャッシュレス化とシンクロするという時代状況もあります。筆者はそもそも「仮想通貨」という名称を認めません。「通貨」と名のつくものは、基本的にすべて「仮想通貨」なのです。人がそれを通貨だと「仮想」するから通貨として流通、共有されうる。

ビットコインなどは、正しく言うなら「暗号通貨」と呼称すべきでしょう。「カソウ」と呼びたいなら、「仮装通貨」とでも書くべきです。通貨に偽装したコスプレ通貨なのですから。

デジタル通貨は、「法定通貨」と、ビットコインなどの「暗号通貨」に分けられます。法定通貨は、既存のクレジットカードやプリペイド形式の決済サービスを含む「電子マネー」と、法定通貨を電子化した「電子現金」に大別できます。

チーム・アホノミクスはいま必死になってキャッシュレス化を推進していますが、電子化が進んでも、現金がなくなるわけではありません。形態が紙幣や硬貨からデジタル情報に変わるだけという側面も押さえておかなければなりません。

すべての金銭取引が追跡可能となる

サトシ・ナカモトなる人物がビットコインという暗号通貨を考案した際の建て前は、中央銀行の政策の失敗によって法定通貨が急増しているので、中央銀行なしで世の役に立つ節度ある新しい通貨を設計するということでした。しかし現実には、暗号通貨が法定通貨の代替物として機能しているとはまったく言えません。単なる投機対象となっているのです。

ただ、この暗号通貨への投機ブームのなかで、国々の法定通貨が暗号通貨の世界に吸い込まれていっていることは間違いない。暗号通貨に人々が引き寄せられる主な原因は、法定通貨建ての値上がりが期待できるからです。暗号通貨を投機あるいは投資対象とするのは、あくまでも法定通貨ベースで儲けたいからだと思います。

また暗号通貨を媒介として噛ませることによって、スマホなどを使って法定通貨をデジタル的に送金できる。この方式によれば、高速、簡便、割安な形で決済が完了する。このことが、暗号通貨に人々を引き寄せている面もあるでしょう。

こうした一連の展開を封じ込めるために、中央銀行は、法定通貨の電子化、すなわちペーパーレス化を急ぎ始めたようです。そもそも各国の金融政策が量的緩和に向かい、ゼロ金利やマイナス金利状態をもたらしたために、通常の預貯金からはまともな金利を得られないわけです。このことが、人々の暗号通貨志向を煽ったのだとすれば、法定通貨に関する管理政策の失敗が暗号通貨ブームをもたらしたと言うこともできるでしょう。

法定通貨のデジタル化は、金融政策にどのような影響をもたらすのでしょうか。考えられる一つのやり方が、国民が全員、中央銀行に個人口座を持つという方式です。この場合、全国民の金融取引がリアルタイムで中央銀行に把握されることになります。

いまは中央銀行と国民の間に民間金融機関が入っているので、金融政策の結果、実際に通貨が世の中にどのくらい出回るのかということを機械的に把握することはできません。しかし、この方式による法定通貨の電子化が実現してしまうと、人々の懐具合を中央銀行がすべて把握できるようになります。

その意味では、金融政策の精度が高まることになりますが、これは恐ろしい事態でもあります。なぜなら、個々人が中央銀行に口座を持ち、しかも、現金が完全に電子化されれば、すべての金銭取引が完全に追跡可能となり、紙幣や硬貨が持つ匿名性が消滅してしまうからです。

「ソサエティ5・0」は超監視社会

通貨と金融をめぐる百パーセントの監視社会が誕生することになるわけです。チーム・アホノミクスがキャッシュレス化をバラ色の未来として語る底意には、「ソサエティ5・0」を超監視社会として成立させたいという欲求があるのは間違いありません。さきほど筆者がキャッシュレス化というのが奴隷制につながると言及したのは、詳細に述べればこのような事態を示しているのです。

通貨とは何なのか。通貨に対する信認のベースには何があるのか。通貨を介した取引を軸にした経済を保っていく意味は何なのか。こういうことを真剣に考え、議論するべきなのです。いま各国の中央銀行は大急ぎで法定通貨の電子化を進めようとしていますが、それに伴う人権問題についても深く意識しなければなりません。法定通貨が電子化されることについては、極めて慎重な吟味が必要だと思います。

法定通貨のデジタル化は、国際的な基軸通貨体制にどんな影響をもたらすのかについても見据えておく必要があります。そもそも、国際基軸通貨という概念では、いまの時代を捉えることはできないかもしれません。基軸通貨国は、他の国の追随を許さない国力や経済力を持っていなければならないはずです。だが、人・モノ・カネが容易に国境を越えるグローバル化時代に、そのような強さを一つの国が独占することはできない。つまり、国際基軸通貨の時代は終わったと考えるべきだと思います。

ただし、国際決済通貨という概念はいまでも残っているのです。国際決済は、いまなおドルで行われるケースが圧倒的に多い。その意味で、ドルは国際決済通貨としての位置づけを確保しています。円やポンドやユーロにも、ある程度まではこの機能があります。

通貨に関わる未来は、いまだ不透明です。通貨の完全電子化が進むと、この状況がどうなっていくのでしょうか。

法定通貨が完全電子化されると、各国通貨間の購買力関係はどうなるか。仮に、すべての国の中央銀行が同じシステムに従って電子決済を行うようになり、また、すべての国の法定通貨が完全に電子化されれば、グローバルな通貨統合をもたらすのか。むしろ、決済通貨の多様化と分散化が進むのか。かつてケインズとシューマッハーが提唱した国家を超える世界共通決済手段「バンコール」がついに日の目を見るのか。

キャッシュレスが引き起こす階級闘争

ここでひとつ、立ち返るべきは、日本人の庶民感覚です。日本は現金志向が強いために、他国と比較すると法定通貨の電子化を進めにくい風土だと言われたりもします。これはじつはいいことなのです。ペーパーマネー志向が強い日本は、通貨と金融の超監視社会に対する抵抗力を持っているとも言えるのです。

実際に、日本銀行や民間金融機関が通貨のペーパーレス化に前のめりになる一方、人々のペーパーマネー志向はむしろ強まっています。チーム・アホノミクスが、通貨と金融において得体の知れない展開を企んでいることに対して、自分の資産を守ろうとする庶民の知恵が働いているのだと思います。

法定通貨が物理的にカネの形を失うことは、カネが目に見えなくなることを意味します。お小遣いにしてもデジタル空間にしか存在しないとなると、どれだけ使ったかという実感も当然のことながら希薄化します。割り勘をもっぱらアプリで済ますようになってしまうと、人間関係も薄くなります。そして、紙幣を数える手先の感覚も衰退する。これは存外に重大な意味を持つと思います。

「五感の形成は、これまでの全世界史の一つの労作である」というのは『経済学・哲学草稿』におけるマルクスの言葉ですが、とりわけカネを自分で触るということは、生身の人間が、いかなる意味であっても、人間社会のすべての経済史と接点を持つということになります。キャッシュレス化は人間の皮膚感覚が経済から切り離されることであり、総じて人間力の低下につながるのではないでしょうか。「ソサエティ5・0」とは、そういう意味でも非人間的な世界なのです。

キャッシュレス化により現金が「見えない化」するということは、さきほど説明したように、日本銀行など通貨当局にとって我々の通貨的状況を完全に「見える化」することにもつながります。我々にとっての「見えない化」がもたらす、彼らにとっての「見える化」。我々にとって通貨が見えなくなればなるほど、管理者たちにとって我々の通貨はよく見えるようになる。つまり、キャッシュレス化も明らかに階級闘争の現場ということになります。

自己責任と自助努力だけの世界

二〇一九年六月二一日に閣議決定された「成長戦略実行計画」には、「終身雇用や年功序列を基盤とした日本型の雇用慣行を社会の変化に応じてモデルチェンジし、多様な採用や働き方を促す必要がある」とあります。「終身雇用や年功序列を基盤とした日本型の雇用慣行」など、とうの昔に解体しているはずですが、ここをいま改めて彼らが強調するのはなぜでしょうか。

それはやはり、終身雇用体制という、雇用者の側に責任を負わせる枠組みを、是が非でも取り外したいからです。かつて日本にあった終身雇用体制では、社員には会社に忠実に頑張ってもらうかわりに、雇用者は社員を死ぬまで面倒見るという、それなりの契約が成り立っていた。雇用者のほうも契約を履行しなくてはいけなかったわけです。

終身雇用体制が続いてきた過程では、労働者側も自らの権利のために組織化し、会社対労働組合という拮抗関係によって労使が一定の合意に達するという仕組みも、それなりにしっかりと出来上がってきたわけです。

「ソサエティ5・0」は、こういった体制を完全に終わらせて、すべてが自己責任で自助努力という世界を徹底的に作り上げたいということでもあると思います。「成長戦略実行計画」は、終身雇用体制を、変えるべき旧来型の雇用モデルとしたうえで、「ギグ・エコノミー」の推奨へと議論を進めていきます。自助の極限的なありようである、お座敷芸人の世界に人々を呼び込み、キャッシュレス化で奴隷にする。こういう狙いだと思います。

そこでは、働く側は完全に孤立させられ、分断させられ、ひたすら労働力をお国のために活用してくれる企業だけが守り立てられ、オールジャパンで二一世紀型大日本帝国の経済基盤を揺るぎなきものにしていくのです。

「ソサエティ5・0」には、「人生一〇〇年時代の人材育成」という問題意識も含まれています。内閣府が二〇一八年八月に出した「今、Society 5.0の経済へ」はこう言います。

「人生100年時代を見据え、年齢にかかわりなく学び直し（リカレント教育等）を行い、能力を高めることには、2つの大きな意義があります。一つは、これまでのような新卒で就職した企業に定年まで働くという単線的な職業キャリアではなく、学び直しによって、転職や起業を行うなどの多様なキャリア形成、『人生の再設計』が可能となることです」

「人材育成」と新大日本帝国

もう一つの「意義」は、AIなどの最新技術のスキルが身につけられるということのようです。高齢者の側に寄り添うような親切ごかしの書き方になっていますが、これはじつのところ地獄のような世界です。リカレント教育なぞでスキルアップしていただき、生涯自助努力、生涯現役、死ぬまで不安定雇用で効率よく働いてもらうということですから。チーム・アホノミクスが「人材育成」にことのほか熱心なのは、新大日本帝国を再建することが使命だと考えているからだと思います。つまり、国家を構成する良き臣民づくりです。「人づくり革命」を通じて、我々をお国に役立つ臣民に改造しようとしているのです。

アホノミクスの一環として打ち出され、もちろん「ソサエティ5・0」の重要な要素となっている「女性活躍推進」にしても、その根拠となる法律は「女性の職業生活における活躍の推進に関する法律」なのです。つまり、あくまでも「職業生活における活躍の推進」が目指されている。

「女性の職業生活における活躍の推進に関する法律」の条文には、「女性の職業生活における活躍を迅速かつ重点的に推進し、もって男女の人権が尊重され、かつ、急速な少子高齢化の進展、国民の需要の多様化その他の社会経済情勢の変化に対応できる豊かで活力ある社会を実現することを目的とする」とあります。

男女平等も、女性が新大日本帝国の一員として活躍して初めて与えられるものであるというとんでもない認識に唖然《あぜん》とするしかありません。

「女性活躍推進」は、女性のためではなく、生産性を上げて日本経済の成長力を高めることのみに狙いがあるということが、語るに落ちていると言えるでしょう。

「働き方改革実現会議」において二〇一七年三月二八日にまとめられた「働き方改革実行計画」にも、労働者の権利を確立するためとは一言も書いておらず、ひたすら「労働生産性の向上」を謳い、その達成のために必要だから同一労働・同一賃金を掲げ、長時間労働を是正するという筋立てなのです。

前述した、チーム・アホノミクスの教育政策の狙いも、やはり生産性の高い人間をつくることにあります。二〇一七年の学校教育法の改定によって設けられた「専門職大学」も同様です。文科省は、特定のプロフェッショナルになるための知識や実践的なスキルを身につけることができる、などと力説しています。カリキュラムは産業界と大学側が連携して編成する。哲学や歴史といった思索的なことはやめにして、効率的に作業を処理できる人間のみを量産するための大学です。

耐えてはいけない原理原則がある

チーム・アホノミクスの頭にある教育とはそういうことです。リベラルアーツは軽視し、人文系を縮小するという文科省の政策も方向性は同じです。教育も働き方も人の問題ということです。彼らは「人の改造」に向かって踏み出しているのです。

学生に考える力を与えず、考える力を伸ばすことをせず、ひたすらスキルを身につけさせる。むしろ考える力は低下させていい、スキルだけをアップさせよという、究極的には、これがアホノミクス的教育改革であり、「人の改造」だと思います。

教育改革や働き方改革に関係して、最近「レジリエンス」という嫌な言葉を聞くことがあります。「耐性」という意味で、アメリカの軍事用語でもある。衝撃に対する強靭性を高めよということです。この言葉が、教育や労働の現場での価値として使われてしまう。要するに、いまの仕事を失って別の部署に移されたり、専門職から単純労働に配置されても、そのことに耐えられる人材をつくっていくということです。打たれ強い、潰しが利く人材が求められている。

人間である以上、耐えてはいけない原理原則があるはずです。職場での理不尽には、いっさい耐えずに怒るべきだと筆者は思います。ところが、理不尽に対面させられた一人一人の主体が発する悲鳴にまったく耳を傾けず、人を労働力として、資源として収奪し尽くそうとして恥じない、恐れを知らぬ者たちがチーム・アホノミクスなのです。

経団連会長の中西宏明が言い出しっぺとなり「就活ルール」の見直しが検討されています。経団連、政府、大学の三者で協議に入ったようです。いまの「就活ルール」が撤廃されると、一年中、採用活動が行われることになります。たしかに新卒採用が一斉に行われるいまの日本の制度には問題があると思いますが、重要なのは、なぜ経団連が見直しに言及し、政府が即呼応しているのかということです。

これは、いわば悪代官と越後屋が、就活ルール撤廃によって、双方が利益を見出すような新たな採用形態をつくろうとしていると見るべきでしょう。「人材」を柔軟に活用していくという地点から、柔軟にこき使うという露骨な収奪へと、双方が歩を進めているように感じます。

学生はいよいよ分断されていくのではないでしょうか。大学が就職の面倒を見るというサポート体制もなくなり、学生は個々の自助努力だけの社会に放り出されてしまう。強い者がより早く、より条件のいい仕事を手に入れることができるという世の中に、加速度的になっているのです。

能動的な国家を是とする大前提

「ソサエティ5・0」の背景を探ろうと思って、経産省の若手官僚たちが二〇一七年に出した『不安な個人、立ちすくむ国家』という本を読んでみました。ネットで一五〇万ダウンロードを記録したとかいう資料に補足して活字にしたものです。前半は資料集、後半は若手官僚たちと養老孟司、東浩紀といった知識人との座談会という構成です。

「立ちすくむ国家」という言い方が不気味に響きます。国家なぞというものは普通は立ちすくんでいていいと筆者は思うのですが、彼らには能動的な国家を是とするという大前提がある。それはMMTとも、ある意味で相通ずるところです。

内容的には、この程度の未来社会論では、政府内の問題提起にすらならないのではないかという水準なのです。でも明らかに、働きたい人間に場とチャンスを与えるのだというキャンペーンにはなっている。そういう国民動員論だと感じました。経産省には哲学も知性も感じられないけれど、「臣民」を動員しようという欲求だけは、ものすごく強くある。

もう一冊、かなり前の本ですが、世耕弘成が二〇〇五年に出した『プロフェッショナル広報戦略』という本も購入しました。無駄なお金を使っている気がしないでもないのですが、敵を知るための投資です。彼はＮＴＴの社員時代にボストン大学コミュニケーション学部大学院に留学していたようです。

そのときの蓄積が反映されているのか、アメリカ大統領選挙を参考にして、小泉内閣の郵政改革法案成立のときのキャンペーンスタッフになっている。しかし世耕はこの本で、政策プロモーションのためのノウハウについてしか書いていません。公共政策学などによって、政策の内容についても言及しているかと思ったらまったく出てこない。

留学してコミュニケーション学を本当に学んでいるのなら、たとえばアフリカの地域研究とつながって、地域における紛争解決の研究と連携してもいいと思うのですが、世耕はそういう経験をしようとはしていない。地域に即して地域のために、あるいは人々に即して人々のために、政策を作るという発想がないのです。自分はあくまで国家のために人々を動員する側であって、人々のために働く国家という認識はいっさい持っていない。

他者と真っ当に出会う気がない

地域研究というのは、そもそもベトナム戦争後のアメリカで、いかに東南アジアを統治するかという問題意識によって作られた研究ジャンルです。そういう意味では統治のための研究だったわけですが、そこから現状に批判的な地域研究が生まれたりもしました。

またCIAなる組織は、地域研究のプロと言ってもいい。支配するために、日々現地の新聞を読み、さまざまな人間と会って情勢を把握しようとしてきたわけです。ところがいま、アメリカの国防省には地域研究者が少なくなったと言われています。トランプ親爺の極端な自国中心主義ゆえでしょう。

日本も、朝鮮半島の歴史や情勢をおよそ知らないで政策を進めている。その帰結が、ヘイトが横行するいまの姿ということだと思います。日韓の歴史にきちんと向き合えば、保守に属する人だって、相手に対してほだされてくるとか、そういう感性が生まれてくるはずです。しかしチーム・アホノミクスは、相手への共感はまったくお呼びじゃないという構えで徹底して閉じている。

妖怪アホノミクスがよく口にする、「丁寧にご説明申し上げます」とかいう気持ちの悪いもの言いにも、他者と真っ当に出会う気がないことが染み出ています。相手としっかり議論するのではなく、自分たちが考えていることを一方的に丁寧にご説明申し上げるという態度。相手が何を考えているのかを真摯《しんし》に理解しようとすると、彼らの構想は成り立たなくなる。深く知ることを排除しないといけないというロジックのなかで生きているのです。

世耕のかなり以前の本を読んでの話になりましたが、これは彼らの変わらない本質だと思います。多少なりとも哲学があるようなことはすべて排除してしまう。何のために政府は存在しているのか。公共事業はなぜ公共事業というのか。公共財はどういう特性を持っている財なのか。そういった根源的な問いには目を向けない。なぜならそれを本当に追究したら、自分たちが目論んでいることと別の解答が出てきてしまうから。

彼らは、「国家は用がなければ立ちすくんでいていい」などという解答が決して出てこないような潮流を作ろうとするのです。

人間を人間として見ていない

最近、フリーランサーを守らなくてはいけないということを言いながら、そういう分野をハンドリングするのは公正取引委員会だという妙な話が出てきています。公正取引委員会が二〇一八年二月に出した「人材と競争政策に関する検討会」報告書で、フリーランサーに対して独占禁止法を適用すると言っています。報告書にはこうあります。

「本報告書では、『個人として働く者』、すなわち『役務提供者』の獲得をめぐって、役務提供を受ける企業等、すなわち『発注者』間で行われる競争について、また、役務提供者が労働者と評価される場合には『使用者』間の競争について、それを妨げ役務提供者に不利益をもたらし得る発注者（使用者）の行為に対する独占禁止法上の考え方を整理した」

内容的には、大企業が強い立場にあると適正な市場メカニズムが機能せず、労働賃金についても適正な価格形成が行われないから、「個人として働く者」と大企業の関係は、公取委マターとして独占禁止という観点から管理していくということになりましょうか。

つまり、ギグ・エコノミーあるいはギグ・ワーカーの立場を保護するということが、それをやらないと適正な市場価格が形成されないから、公正取引委員会が担当するというロジックが出来上がりつつある。

これは変な話だと思います。ギグ・ワーカー、フリーランサーの人権を守るというモチーフがどこにも出てこないのです。すべては適正価格の形成のためなんだ、と。こんな突拍子もない論理が出てくるのも、人間を人間として見ていないということであり、驚くべきものを感じるのです。

公取委が新しい保護の仕組みを作るためのワーキング・グループで、経産省が「ソサエティ5・0」の説明をしていたりするわけです。そこには厚労省もいるけれどフリーランサーの人権が顧みられることはなく、経産省が作った資料や、あるいはアホノミクス直轄の「未来投資会議」の資料を使って議論がなされている。そういう構図が含み込まれつつ、二一世紀版大日本帝国の仕組みが出来上がっていくということです。

「ソサエティ5・0」のホームページを見ると、農村に住んでいる女子高生の朝のシーンから始まります。

アラームが鳴って目が覚めると、好きな先輩と同じスニーカーがドローンで届く。つまりファンタジーみたいな世界から始まって、アニメの世界、サブカルの世界を回収し、彼らの理想郷（フリーランサーにとっての地獄ですが）を上手にアピールしていく。この発想、このやり方自体が筆者は許しがたい。

これが世耕的なコミュニケーション学なのだと思います。

つまり、効果あるコミュニケーション、洗脳を成り立たせるためには、節度や倫理をかなぐり捨てていいという考え方です。「ソサエティ5・0」というファンタジーを徹底的に刷り込んでいく。そのなかで厳しい労働条件に文句も言わずに耐える、レジリエンスを持った人間が出来上がる。

これぞ彼らにとっての革命が完成の域に入ってきたという局面でしょう。

労働運動が人権運動となる

チーム・アホノミクスは、就職氷河期の世代に対する雇用をもう一回確保すると言い、困難な状況（ニート、ひきこもりなど）に陥っている人への職業訓練などの対処を、とも言っています。しかし、地域社会ぐるみでその人たちの望む仕事を探し、長期的な保障を含めての計画があるようにはまるで見えません。このままでは労働力として単純労働に投入するだけのものになってしまうのではないでしょうか。

これは、引きこもりの人たちも動員できるような体制をつくっておくという考え方であり、すべて主体は自分たちの側にある。引きこもりの人たちのために何ができるかという問題意識はなく、前にも述べましたが、とにかく世のため人のためという発想が微塵もないのです。

こういった「ソサエティ5・0」的な動員の方法は、労働に軸を置いたファシズムと言っていいと思います。明確な経済ファシズムです。政治的に見ても、集団的自衛権にしろ安保法制にしろ、民主主義的プロセスをバイパスして野望を達成してきたわけですから、この国の政治も経済も、現在も未来もファシズムそのものなのです。

こういうファシズムに対して、「れいわ新選組」のような対抗勢力はどれくらい自覚的であるのでしょうか。筆者の見方では、「れいわ新選組」はすでにファシズムの方向にかなり引っ張り込まれていると思います。彼らにも、「国家は立ちすくんではいけない」という発想が強くあるのです。

「れいわ新選組」からは、「強い国家」「動く国家」を待望しているということをすごく感じる。ファシズム的な動員による完全雇用の実現は、「れいわ新選組」にとっては魅力があって、彼らはそれを批判することができないと思うのです。経産省にとっては、政権は「れいわ新選組」であってもいい。山本太郎は、安倍内閣の財務大臣を頼まれたらすぐやると言っているようですから、本質的な意味合いで安倍政権を敵だとは思っていないのではないかという気がします。

「れいわ新選組」にない問いかけとは何でしょうか。それは、貧困から脱することができれば魂が奪い取られたままでもいいのか、ということです。「ソサエティ５・０」は絶望的なディストピアです。かつてジョージ・オーウェルが『１９８４』で寓意として書いた、人間性が収奪されるファシズム社会が、さらに剝き出しの現実として登場してしまったような世界です。そこでは人間の魂は歪められ、蹂躙されてしまう。

ここに本源的な問題があるのです。

では、「ソサエティ5・0」とどう闘うか。人間性を奪われたフリーランサー、アホノミクスの巧妙な洗脳によって呪縛された人々を、どう解き放つのか。これは我々が真正面から、人間の救出作戦として取り組むべきテーマなのです。そのとき労働運動は、賃金をめぐる闘争であるのみならず、人間を回復する本当の人権運動にならざるを得ないはずです。

第五章　行き場のない者たちの革命

人間主義、理想主義、共感性

トマ・ピケティが『21世紀の資本』を書いたのだから、いまや『21世紀の労働』という本が書かれるべきだと筆者は思っています。ギグ・ワークが主流となった二一世紀の労働という観点から、徹底批判しなければならないものは何か。

本書ではそれを繰り返し語ってきましたが、端的にはアホノミクスの「働き方改革」と言われている、驚くべき搾取の構造への回帰であるし、「柔軟で多様な働き方」と言われている、労働者を無権利に孤立化させるおためごかしの標語の正体である。そしてそれらの邪悪な企みを縦横無尽に張りめぐらせた「ソサエティ5・0」という名の新たな大日本帝国ということになります。

マルクスは一五〇年以上前に、資本による人間の収奪を徹底的に暴き出しています。だからこそ、『21世紀の労働』を書くためにはマルクスの視座が必要なのです。労働者の人間性を復元しなければならないからこそ、人間の分析能力の限界に挑むように、社会のなかの人間を見極めようとしたマルクスの思考を吟味する価値があるのです。

根底にあるテーマは人間救出作戦です。人間性の復権です。人間性を歪めて廃棄しようとする資本の暴力的な動きと、それに結びつく政治の悪辣さが、「ソサエティ5・0」という現代の闇をもたらしています。ここに深いメスを入れる思考が求められています。この闇を切り裂いて光をもたらす精神の運動、現実の闘いが必要です。

唯物論者であるマルクスは、キリスト教的価値観の敵対者であるように言われていますが、じつは非常に通底するものがあるということを、あるときから筆者は強く思うようになりました。もし召命があったら、マルクスは聖職者になっていたかもしれない。召し出されなかったから、別のかたちで人類に貢献したのではないでしょうか。

両者の共通項は徹底した人間主義、強い理想主義、そして共感性です。マルクスこそ、イエスの愛の思想の体現者ではないでしょうか。アダム・スミスの言う共感性を持つ人間、人のために泣ける人だったのではないでしょうか。

共感性というのは、もらい泣きができる感性と言い換えていい。アダム・スミスの『道徳感情論』に出てくる「エンパシー（共感）」を、筆者は経済学の出発点だと思っています。それは人間性と社会性を持った道徳論でした。経済活動というのは共感性を持つ人間の営みであるはずだというところが原点になっている。

このような内実をもって「ソサエティ5・0」と対峙しうる、新たなムーブメントはどこに芽吹いているのでしょうか。

環境破壊は資本主義では解決されない

最近は、環境問題からマルクスに入るという研究者もいるようです。環境破壊への処方箋をマルクスから読み取ろうとするわけですが、それは一つの新しい方向性ではあると思います。

マルクスは、人間が自然に働きかける労働という行為を、「物質代謝」のサイクルのなかに位置づけました。その視点は一八四四年から始まるパリ時代の草稿、『経済学・哲学草稿』から『資本論』まで一貫していますが、自然の一部である人間は、労働を行って自然に働きかけることで自然を変えながら、自分のなかの自然も変え、自分に潜在していた新たな力を発展させていく。それが人間の存在条件だということです。

自然と人間へのそういう理解を発展させて、マルクスをエコロジカルな問題意識に引きつけて読み込むことは確かに可能だろうと思います。資本主義社会においては人間のキャパを超える労働が強制され、資本は利潤の獲得という観点のみによって剰余価値を蓄積していく。商品としての価値だけが優先されるから、恐慌も起きるし、環境破壊も生み出されてしまう。

つまり、環境破壊は資本主義下では解決され得ない、ということになる。これはマルクスの使い方として今風ではあるし、論理的にも説得力があります。

ただ一方で、「ソサエティ5・0」的な狡猾《こうかつ》極まりない現実を見ておく必要があります。二〇一五年の国連サミットで採択された地球環境と人類のための行動計画であるＳＤＧｓ(Sustainable Development Goals、持続可能な開発目標）にしても、アホノミクス支配下のこの国では、わけもわからないままイメージだけが一人歩きしています。

企業社会においても、ＳＤＧｓのバッジをつけていると優良企業だと思ってもらえるというレベルで流行っています。経団連にいたっては、「経団連は、ＳＤＧｓの達成に向けて、革新技術を最大限活用することにより経済発展と社会的課題の解決の両立するコンセプト『Society 5.0』を提案します」などと宣言している。

つまり「ソサエティ5・0」は、環境問題も自らの正当化のために、都合のいい形で呑み込んでいくということです。地球環境をマルクス的に捉え直し、資本主義のもとでは解決できないと結論づけるという方向性だけでは、日本社会に張りめぐらされた「ソサエティ5・0」的な罠を暴き立てることができないのです。

神学のなかにも人間解放の芽が

欧州では、ドイツも、イギリスも、フランスも、オーストリアも、ポピュリズムに流されてしまわない形での政治的突破口として、緑の党が、中道左派系リベラルの連携の一つの拠点になっている。緑の党は、そのメインテーマである地球環境保護や気候変動対策はもちろんのこと、富の公正な再分配や、極右的排外主義に対する寛容な移民政策なども掲げています。世界のそういう動きと連携するところにも「ソサエティ5・0」を撥ね返していく知的胎動があるように思います。

筆者は、「ソサエティ5・0」に対抗するのは「人間救済作戦」だと前に述べました。人文系の学問のなかでも、文学や芸術のなかでも、そのような人間の復権、人間の哲学の復権、人間の抵抗という主題は追究されているはずだと思います。哲学でも美学でも社会学でも経済学でも、すべての分野で、いまこのときに人間をどう解放すべきかを考えるべきなのです。

筆者はかねがね、「ソサエティ5・0」に抵抗するオールジャンルの大々的シンポジウムでもやるべきだと構想しています。実現したら、逮捕されるでしょうか。しかしこれは新たな戦線構築のためにも、実現したいものです。

一見すると、現在の状況の対極に存在していると思われるかもしれませんが、たとえば神学のなかにも、今日的な人間解放の芽を見つけられるかもしれません。

イエスの使徒でキリスト教を世界に伝道したパウロは、『新約聖書』の「コリントの信徒への手紙」のなかで、イエスの福音を告げ知らせるという自分の使命は報酬のためではないということを誇りながら、その前提としてこう言います。

「耕す者が望みを持って耕し、脱穀する者が分け前にあずかることを期待して働くのは当然です」

パウロは宣教者であると同時に、自らテントづくりの仕事に従事したとされています。彼はここで、労働する者の最初の権利と、他方で、人間の魂の尊厳について語っている。労働は奴隷が行うものとされていた当時に、パウロは自ら働いて、労働者の権利を当然のこととして認識していました。これは、精神的に奴隷の側に越境してその権利を主張することにもつながり、奴隷が奴隷であることをやめるきっかけにもなり得る急進性を含んだ行為です。

アホノミクスに取り込まれた労働組合

パウロが自らを語ったこの原初の人間像から、我々は、人間を収奪する「ソサエティ5・0」的なファシズム、また反貧困を主張しつつ魂が抜き取られることには抗議できない「れいわ新選組」的なファシズム補完勢力に対置すべき、本当に人間的な価値を見出すヒントを得られるかもしれません。労働というものが社会にどのように働きかけるのか、人間の内面とどのように関わっているのかを深く見つめる視点を持てるような気がするのです。パウロが、現代人としてよみがえるのです。

もっともリアルな課題としては、やはり労働組合をどう再生させるかです。既述したように、アホノミクスのやりたい放題の暴走を許している大きな要因は、労働組合の衰退と分断です。いまや真の意味での労働運動が、まったくと言っていいほど見当たらなくなってしまった。真の意味での労働運動とは、人権闘争としての労働運動という意味です。

「働き方改革実現会議」に連合会長の神津里季生《こうづりきお》氏がメンバーとして入ってしまったのは象徴的です。労働組合が、アホノミクスを潰す側にいないという事態は深刻だと思います。さらに言えば、ギグ・ワーカーたち、フリーランサーたちは組織化というのに馴染みにくい人々です。労働組合の側も、非正規労働者に対する感度は依然として鈍い。チーム・アホノミクスとしては、ギグ・ワーカーたちに徒党を組ませないために、労働組合という抵抗体に集結させないために、皆をフリーランサーに仕立て上げていくという強制力を働かせているのは間違いないと思います。

大きな社会構造から言うと、変動通貨制によって金融資本主義が始まると、賃金上げを求める階級闘争が経済に影響を与えにくくなるのはたしかです。金利を通して利潤が生まれ、それで資本が蓄積されるという運動が大きくなると、現場の階級闘争によって資本と闘い、それによって賃上げを勝ち得て社会を変えていくという原動力は落ちていきます。労働分配率を上げるための闘争がやりづらい状況になっている。「ソサエティ5・0」は、組織化された労働運動が台頭してくることを徹頭徹尾、排除することが大前提になっています。だから皆ギグ・ワーカーで行きましょうということになるわけですね。

ファシズム的包摂社会

社会運動にとって出口の見えにくいこのようなときは、まさに文学の出番でもあるのではないでしょうか。いまにおける『1984』が書かれるべきなのです。時代のなかの人間をさぐる作家たちにとっても、オーウェルの想像力を凌駕《りょうが》するようなディストピア「ソサエティ5・0」は、格闘すべき大テーマだと思うのです。

「ソサエティ5・0」は、『1984』の超管理社会の内実を実現しつつ、そこに封じ込められている人々に、居心地のよさという幻想も与えている。つまり住民たちは、ディストピアをディストピアとして感じにくくされているわけで、洗脳の形態としては『1984』よりもさらにさらに進化しています。

もちろんこの社会で生死に関わる境遇に置かれてしまっている人々もいるわけですが、「ソサエティ5・0」はインフラが整っていて、一見至れり尽くせりの社会になっていることも事実だと思います。だからアンダークラスであってもとりあえずの不便は少ない。「ソサエティ5・0」は、人々の怒りが燃え上がることがないようにデザインされている。本当の自由はないけれど、利便性だけはものすごくある。人々を徹底的に利便性のなかに包摂して、自由を求めないようにさせておくという力学が働いているのだと思います。

戦前の日本のファシズムも、ある面では「包摂する国家」という性格を持っていました。「包摂」というのは、寛容に基づく本来のあり方ではなくて、ファシズムの方法としての「包摂」、ということです。

戦時下の人々は東京大空襲などで現実的に自分の街や家が焼かれていく段になって状況を切迫して実感したけれども、空襲以前は戦時体制といっても、国家から自分たちが圧迫されているという感覚はさほど強くなかったと思います。だからこそ総力戦が維持できたのかもしれません。このようにファシズム体制は、強制力によって縛りつけるのみならず、国家に包摂されているという居心地のよさも必要なのです。その完成形が「ソサエティ5・0」です。

いまの北朝鮮もある程度そういう支配方法がとられているかもしれない。北朝鮮には明らかに弾圧によって押し込められている人たちがいるわけですが、国家に包摂されていると感じている人たちもそれなりの数を占めているのではないでしょうか。

北朝鮮の全体主義的な国家体制はなんとしても変革されるべきですが、北朝鮮自体は、観光立国化しようとしたり、IT立国化しようとしたり、サービスエコノミーを充実させようとしたり、ロシアから知識人を呼んで知的レベルのボトムアップを試みたりして、ソフトな支配を模索してもいる。そういう状況のなかに人々を封じ込めているということです。

「包摂性」は本源的に支配者にとって敵であるはずですが、ファシズム的包摂社会というのがあるわけです。繰り返しますが、その究極が「ソサエティ5・0」だということです。

ここでは、「れいわ新選組」のような、一見、反体制的で草の根から起こったように見えるムーブメントも、国家的なるものに包摂されてしまっている。「れいわ新選組」は、反貧困というスローガンを掲げつつ、もう一度、国家への信頼を取り戻そうという運動です。人々を投票数という量でとらえた反貧困であって、一人一人の切実で個別的な質を含んだ反貧困ではない。魂の自由と引き換えにした反貧困ということになってしまうと思います。「ソサエティ5・0」の支配下で、どこに抵抗があるかということを考えると、人々がどのように自立的に、自由に、つながっていけるかということにかかっていると思います。

ケアに裏打ちされたシェア

ところで、シェアという言葉の流行が、筆者には気味が悪いのです。MaaSが喧伝しているライドシェア、シェアハウス、カーシェアリング。シェアリングエコノミーという言葉もあります。シェアという言葉には、明らかに二つの意味があります。

「これは私のシェアだ」と言えば、「それは私の分だ。分かち合う気はない」という意味です。ところが「シェアだ」「シェアしましょう」と言うと、「分かち合う」という意味になる。マーケットシェアを確保する、というときのシェアは、奪い取る対象です。でも、いろんなメニューを注文して皆でシェアするというときのシェアは、分かち合うという意味です。これが、シェアという言葉の二面性です。

つまり「ソサエティ5・0」では、分かち合いの「シェア」を巧妙にイメージさせながら、分断のシェア、奪い合いのシェアを実現するという目くらましが横行しているのではないでしょうか。これがアホノミクスの狙いであり、やり口なのかなという気がします。

以前、講演に行ったときに相乗りタクシーに乗ったことがあります。タクシーをシェアしているんだけれど、シェアしている人同士は孤立している。大きなバスに乗っているのならそれでいいけれど、一つのタクシーに三人くらいの見も知らぬ人間が乗り合わせているこの空気は何だろうかと思いました。これから講演に行くのに、なぜこういう乗り物をよこすのだろうかと、主催者側への違和感も生じてしまいました。シェアでも何でもなく、ひたすら孤立を味わうという、ライドシェアの実態を体感してしまったのです。

シェアハウスとかカーシェアリングとか、何か美しい分かち合いがあるような幻想を売りながら、便宜的に何かを共有させられ、しかしそこで本当に追求されているのは、利便性と効率です。

「シェア」は、自立した人間同士が相手を思いやる「ケア」が同時になければ人間のつながり合いにはならないと思います。シェアが、分かち合いの意味を持つためには、ケア、つまり気づかいがなければいけない。

そういう紐帯をもって我々がつながり合っていると、「ソサエティ5・0」も手が出しにくい。ケアに裏打ちされたシェアの共同体を我々がしっかり持てれば、抵抗の拠り所になると思うのです。

マルクスが本来目指したもの

ケアなきシェアという「ソサエティ5・0」的発想に、労働組合も毒されてしまった観があります。組合側は、生産性向上なんて撥《は》ねつけなければいけないのに、それが利便性の高い、豊かな生活につながるというロジックのもとで、アホノミクスの側に引き寄せられてしまっている。

何のための生産性向上なのか、誰のための生産性向上なのか。フリーランサーがより多くの報酬を得ることができるようになるためなのか。それとも企業が省力化でコストを節減できるようにするためなのか。

そこを曖昧にせずに、権利をはぎ取られた者の権利のために闘うのが、労働組合の役割であるはずです。ケアに裏打ちされたシェアの連帯がそこにあれば、「ソサエティ5・0」に包摂されずにすむはずだと思います。

マルクスは『ゴータ綱領批判』のなかで、共産主義の最初の段階は「各人は能力に応じて働き、労働に応じて受け取る」社会であり、やがて「各人は能力に応じて働き、必要に応じて受け取る」社会へと発展する、と書きました。

共産主義の本来の姿は、まさにケア付きシェアではないでしょうか。「ソサエティ5・0」的シェアに対して、我々は、「各人は能力に応じて働き、必要に応じて受け取る」を、対抗的なものとして打ち出さなければいけない。

利便性の幻想を与えつつ、孤立と分断を押しつけてくるアホノミクスに対抗するという意味合いにおいては、あらゆるかたちでの組合活動がいま重要なのかなと思います。本当の組合活動はケア付きシェアなしには成り立たないのです。

最貧困者からもさらに収奪する

ギグ・エコノミーとかギグ・ワーカーという言葉はアメリカで二〇一五年ごろからよく使われるようになりました。その前提には、リーマンショックが契機となって、正規雇用から隔絶された人たちが多数生まれ、日雇い労働をやらざるをえなくなった状況があります。

リーマンショックとは何だったのか。サブプライムローンが典型的にそうだったように、資本が金融レバレッジ商品を作ることで擬制利潤を作り出し、擬制利潤が限界を超えてしまうと、今度はそのツケを消費者である低所得者に転嫁する。低所得者に向けて住宅を買わせるというのがサブプライムローンでした。

長期ローンによって、本当は買えるはずのないものが買えてしまう。いくつもレバレッジを利かせることでリスクを分散できるのだという口車に乗せられた低所得者が、なけなしの貯金をはたいて住宅を買ってしまう。しかし住宅バブルの崩壊、金利の上昇により返せなくなり、いきなりローンが破綻してしまったわけです。

つまり、収入が限りなくゼロに近い低所得者や収入がない人たちからも収奪できるようにしてしまったのが、金融緩和政策だった。彼らはなけなしのカネもすべて奪われて、路上に放り出された。

リーマンショックというのは結局、資本の凄まじい余剰化という現象が引き起こした惨事だと言えます。資本が利潤を生まないという状況に立ち至るなかで、何とかして無から有を作り出そうと、サブプライムローンなぞというものを証券化するという商品が生まれる。そこに金が殺到し、利子を生めない資本が群がる。そして返済不能な債務が蓄積されていき、限界まで行って一気に瓦解するというプロセスだったと思います。だから、利子生み資本が利子を生まなくなるときに、リーマンショックが発生した。そういうふうにとらえられるのではないでしょうか。

マルクスの議論のなかには未来を本質的に捉えているところがあります。リーマンショック的な世界をマルクスの目から読み解くことはできるのでしょうか。

マルクスは、擬制資本が擬制利潤を生み出すというところまでは見切っていました。ただ、『資本論』の目的は、「資本の一般的分析」「資本主義的生産の一般的研究」「資本主義的生産様式の内的編成のその理想的平均における叙述」とマルクスが言っているとおり、資本の運動の典型を本質的に描き出すことでした。「資本の実在的な運動」つまり矛盾がこれだけ起きるだろうということを書くわけではない。マルクスは『資本論』第二巻で書いていますが、個別の対立とか、どこかで小さな経済破綻が起こるだろうとか、そういう偶発的なことは留保する、と。あくまで資本がどのように展開していくか、その平均的で理想的な姿を、我々がイメージできるようにすることがマルクスの目的だったのです。

マルクスは資本の運動メカニズムの解明を目指していましたが、マルクスが見極めた資本のメカニズムをフォローした頭で見ると、いまの状況の問題性が本質的な形で理解できると思います。それがいま我々にとって貴重なのです。夾雑物《きょうざつぶつ》を取り払って、骨格を見るとどうなるかということです。

金融革命などと喧伝された現象の行き着く果てに、破綻のあらわれとしてリーマンショックが起こり、金融資本主義の世界の対極にいた最貧困者からもさらに収奪するというかたちで、その影響は肉体的、存在的に襲いかかっていった。それがいまにまで続く本質的な構図です。

日雇い労働者の街・釜ヶ崎

最近、歴史学者の友常勉《ともつねつとむ》さんと、マルクスと新たな階級社会について議論している折にうかがった話ですが、彼は学生さんとともに毎年、関西最大の「寄せ場」である釜《かま》ヶ崎《さき》に行くそうです。最近訪ねた際にそこでさまざまな変化を感じたと言われていました。

まず民泊が増えたと言います。普通に街を歩いていると、家々の玄関にオートロックの鍵がぶらさがっている。民泊の家とそうでない民家との区別は、玄関に鍵がぶらさがっているかどうかでしかない。利用客はウーバーを予約するのと同じように、クレジットカードを持っています。それでネットでアクセスして暗証番号を手に入れて、開けて入れるようになっている。

普通の家が、いまのインバウンドの政策に取り込まれて民泊を始めているようです。ところがそのなかに、共有で利用されてはいるけれども、民泊として使われているのではない家がいくつかある。それは引きこもりの人たちのシェルターになっているそうです。

民泊が行われている街のなかにそういう施設ができている。釜ヶ崎という「寄せ場」は、さまざまな人々が行き来することが可能な空間でした。「釜ヶ崎」という地名はあくまで通称です。従来は「あいりん」と呼ばれたり、行政上の名前から「西成《にしなり》」と呼ばれたりしています。

釜ヶ崎は近代日本において、ドヤ街といわれた、主に日雇い労働者を対象とした「簡易宿泊所」が集中する場所として成立しました。一九六〇年代から七〇年代にかけて、日雇い労働者の運動が高揚するなかで、仕事を求めて労働者が集まる「寄せ場」という呼称が定着していきます。

とはいえ釜ヶ崎の日雇い求人は八九年をピークにして一転して急減しました。かつて日雇い労働者の居所であった簡易宿泊所は、生活保護を受給しながら生活する元日雇い労働者向けの集合住宅、あるいは国内外の旅行者向けの宿へと転換しつつあります。ただし、こうした変化はありますが、依然として日雇い労働者の街でもある。

このような釜ヶ崎の歴史が、引きこもりの人たちのためのシェルターができる前提となっているわけです。釜ヶ崎は日雇い労働者の街だから、定住者は少なくて、行き来も出入りも激しい。出稼ぎの人はロッカーに荷物を預けて、一年中、日本列島のあらゆる場所で鳶職《とびしょく》や土木・港湾労働などをやっている。そういう生活形態の街だからこそ、社会に馴染めないでいる人たちを受け入れることができる素地があります。

人間性を復権する場所

つまり「ソサエティ5・0」的世界が単純労働に投入しようと目論んだり、そうでなければ極端な話、ベーシックインカムを与えて見捨てようと見なしているであろう、引きこもりの若者たちや、さまざまなかたちで社会と矛盾をきたしている人たちが、シェルターとして使える場所ができてきている。

それは、これまでの労働運動や、階級意識に基づく運動ではないし、一般的な人権運動とも違う。チーム・アホノミクスが礼賛するギグ・エコノミーのなかでたぶらかされるかたちでフリーランサー化して、結果的に失敗したり破綻したりして人間性を蹂躙された人たちを、人間として扱う場所をどうつくるかという模索ということになるのではないでしょうか。人間救出作戦であり、個々の存在の尊厳を回復するための運動だと言っていいと思います。それが釜ヶ崎で起こっている。ここにはケア付きシェアの新しい姿があります。

釜ヶ崎のかつてのドヤの多くは生活保護者向けの宿舎に変わり、それ以外はバックパッカー向けの宿に変わっています。そういった宿泊業をする権利を持っている人はそういうふうにホテル営業を展開しているわけですが、いまのインバウンド政策のおかげで民泊ができるようになった人たちは、これまで宿泊業をやっていたわけではないのです。

釜ヶ崎という「寄せ場」の特性で、かつては簡易宿泊施設に日雇い労働者が泊まっていた。いまそこにはインバウンド用の民泊ができて、そこに外国人のバックパッカーがいる。同時に「ソサエティ5・0」的世界からドロップアウトした人たちがいる。町にさまざまな人が行き交うということは新しい交流が生まれる可能性もあります。

これは既成の労働運動というよりも、何もかも奪われた人が人間性を復権する場所づくりということになると思います。ただ、新しい交流ということになると簡単にはいかない。日雇い労働者たちは、民泊ができていく流れのなかで、追い出され始めています。さらに、星野リゾートによるホテル開発が開始されているのです。

橋下徹が新たな統治に向けて発動した大阪都構想は二〇一五年の住民投票で否決されたにもかかわらず、「西成特区構想」だけは採択されました。橋下の遺産で、大阪でもオリンピック・万博開発は進み、星野リゾートによる開発が始まっています。

それによって釜ヶ崎のあたりは大きく変貌させられるのですが、消されてなくなるかというと、そうでもない。橋下をはじめとする大阪政財界による、「この街を消そう」という思惑はあったにせよ、結果的には潰しきれていません。とはいえ、環状線の新今宮駅、地下鉄の動物園前駅のあたりは、星野リゾートのホテル開発によって更地になり、大きく変貌しています。

労働運動から切り捨てられた領域

また、釜ヶ崎のシンボルの一つでもあった、「あいりん労働福祉センター」は、特区構想の一環として、南海鉄道の高架下に移転されました。そしてもとの労働福祉センターはシャットアウトされた。閉鎖に反対する労働者や支援の人たちの抵抗はまだ続いているようです。

一方、山王《さんのう》市場通商店街や飛田《とびた》本通商店街など、釜ヶ崎に隣接する商店街には、中国出身のオーナーたちが進出しています。飲食店、カラオケ店、民泊ビジネスにも食い込んでいる。また、ベトナム系の飲食店もできている。そこには新たな活力が見られるようです。「ソサエティ5・0」的なスマートシティとは対極にあるこういう街に、引きこもりの人のためのシェルターができている。全国各地の自治体で、引きこもり対策で手に余ると釜ヶ崎を推薦するところがあるそうです。

「あそこに行ってみれば」と。

開発が進んで日雇い労働者が追い出され、その前提には「寄せ場」のような下層社会への偏見が温存・拡大されているという問題がある。だからこの間の変化を楽観的にばかり語ることはできません。しかし、現実的に引きこもりの人のためのシェルターなど、かつてないタイプのセーフティネットが出来上がり、少なくともそこでこれまでの労働運動ができなかったことが実現しつつあるということは積極的に言っていいのではないでしょうか。

繰り返しになりますが、労働運動は根本的な人権運動でなければなりません。ケア付きシェアでなければ、社会を変える力にならないのです。労働運動から切り捨てられた領域から、改めてそのことが提起されていると言えると思います。

釜ヶ崎では、これまで日雇い労働者の労働運動があったほか、カトリックによる支援活動がねばり強く存在してきたことも、この新たな潮流を促しているかもしれません。カトリックによる支援は東京の山谷《さんや》にもありますが、釜ヶ崎の独自性は、たとえば三角《さんかく》公園の向かいにカトリックが運営している「ふるさとの家」にあらわれています。

かつては食堂も営んでいましたが、その場所を提供したのは、じつはサントリーの創業者である鳥井信治郎《とりいしんじろう》なのです。鳥井は一九二一年に社会福祉団体として邦寿会を創設しましたが、それを母体とする今宮診療所、さらに聖ヨゼフ・ハウス、そして「ふるさとの家」が建設されました。

そこには関西経済の商売感覚とボランティア意識が混合したような独特の精神があり、それとカトリックが出会うというのが面白い。それも社会のなかの一つの「共感性」のあらわれだと思います。所有権を上手に移転して、社会的に活用しているこのような手法は、江戸と大阪の違いと言ってもいいような気もします。

江戸時代からの地権者たちが頑固に守ってきた山谷にないのはそういう社会風土だったかもしれません。関西経済の開かれた感覚のなかで育てられた、「実利的で、しかし社会的な博愛」が、この地のケア付きシェアに、大きな役割を果たしているのは間違いない。

彼らが声を上げ、彼らの悲鳴を聞き取る

いまの時代を生きる難しさには、「前科者」が世の中に生きづらいということもあります。これは昔からそうですけれど、排除の空気が強まっている最近では、傷を負った者の行き場がまったくない。そういう人が日雇い労働者として山谷に集まってくる傾向があるのです。山谷で労働運動が活性化しない背景として、すねにきずをもつ人々を社会が排除するという現実があると思います。

つまり、一回何らかのかたちで警察に捕まってしまうと、残りの人生が全部アウトになるというか、敗者復活ができない社会のありようが人間的な連帯を拒んでいる。

服役後の社会復帰の難しさ、また一方で、クレジットカード破産をすると日雇い労働で働く人も多いから、お互いにカミングアウトできない。カードの多重債務者の問題で言えば、女性であれば風俗産業に売られてしまうケースもあるでしょう。

これらは、挫折したフリーランサーの身体に、資本の無慈悲な力学が貫徹されているという事例です。野放しにされた資本の暴力が、行き場のない人々を生んだと言ったほうがいいかもしれません。

これは、アメリカでサブプライムローンが引き起こした事態とパラレルです。

しかし、まさにこの社会の最底辺にこそ、「ソサエティ5・0」的世界の矛盾と嘘が凝縮しているのです。

マルクスは、一八四四年に書かれた『ユダヤ人問題によせて』という論文のなかで、プロレタリアートの解放は普遍的人間的解放であると記しています。すなわち、資本主義社会の矛盾を最も重く背負ったプロレタリアートが自己解放することなしに、人間が解放されることはあり得ないと言ったのです。いま、その主体はフリーランサー、ギグ・ワーカー、そして行き場のない人々になったと言えるのではないでしょうか。彼らが声を上げ、彼らの悲鳴を聞き取り、ケアとシェアが張りめぐらされた社会的連帯をつくりあげること。

「ソサエティ5・0」と対決する新しい戦線は、そこから築かれると思います。

解説　浜矩子によるラディカルなマルクス読み直し

友常《ともつね》勉《つとむ》（歴史学者）

資本主義の破壊的力を封じ込める

二〇〇八年の金融恐慌を受けて緊急出版された『グローバル恐慌　金融暴走時代の果てに』（岩波新書、二〇〇九年一月）で、浜矩子は書いている。

そもそも、恐慌現象というものは回避可能か（略）。人間の知恵によって、あるいは政策制度の有り方によって、その破壊的力を封じ込めることが出来るものなのか。（略）恐慌現象を資本主義そのものに内在する矛盾の帰結だと考える限り、答えは否である。言い方を換えれば、資本主義体制が終焉しない限り、恐慌現象もなくならないということになる。

恐慌現象を回避するためには、資本主義そのものを終わらせる必要がある。それが従来のマルクス主義の問題の立て方だ。だが浜矩子はその方向には進まず、問いを捉え返す。なぜなら、戦後しばらく恐慌という言葉は使われなくなったが、この二一世紀の金融危機に直面して、恐慌過程という言葉にふさわしい最悪の事態が到来したからだ。資本主義はいったん終わって、それがまた復活したということなのか？　浜矩子の次の言葉は事態を的確に言い当てている。

もし、資本主義が既に終焉していたのだとすれば、今、なぜ、それがまた起こるのか。戦後において長い眠りについていた資本主義が、ここに来てまた目を覚ましたということなのか。そうだとすれば、なぜ、今、目覚めたのか。

周期的な恐慌を回避できず、確実に人間を情け容赦のない反文明的な状態に押しやる資本主義の姿は、一九世紀半ばにマルクスとエンゲルスが目撃していたそれだ。そのような非人間的な資本主義の時代を人類は克服したかにみえた。しかし、二〇〇八年の金融恐慌は、そうした創成期資本主義の悪夢を最悪のかたちで再現した。浜矩子はこの事態を「目覚め」と形容することで、この最悪の経済現象は、資本主義が生まれた時からもっていた固有のものなのか、それとも二一世紀に至って出現した新しい何かなのか、という問いを提起したのである。

こうして立てられた問いに答えるための知的作業が、『資本論』を、マルクスそのものを読み直すということだった。

しかも、この問いに対処しようとする姿勢に、すでに浜のアプローチの特徴が表れている。

「人間の知恵によって、あるいは政策制度の有り方によって、その破壊的力を封じ込めることが出来るものなのか」

資本主義の廃絶と社会主義の実現とは、商品制社会の廃絶をともなうが、かつてのマルクス主義の理解では、それは「歴史的発展法則」であり、人間の努力を必要とするが、同時に歴史的必然性があると説明されてきた（なおここで歴史的必然性という時、マルクスとマルクス主義のあいだに大きな相違があることは、断っておく必要がある。少なくとも『資本論』のマルクスは、資本主義的な生産様式が、同時にその様式そのものを否定し、変革する条件を備えているといっているのであって、何の努力もない進化の法則によって社会が変わっていくと言ったわけではない）。

いずれにせよ、浜矩子は、経済システムの解決を進化の法則に委ねる気はない。彼女には、その「破壊的力を封じ込める」ために、最大限の知力をふりしぼって、決戦を挑む覚悟があるのだ。

人間主義の回復

『グローバル恐慌』が明らかにしたのは、二〇〇八年の金融恐慌のはじまりが、一九七一年八月一五日のニクソン・ショック、つまりドルを基軸とする通貨体制の終焉にあるということであった。これによってドルの金交換というタガがはずれ、アメリカは債権国から債務国化した。一九六〇年代に、財政膨張によって財政収支の悪化と対外収支の赤字化がはじまっていたアメリカ経済は、金交換業務というタガがはずれたため、インフレ圧力を抑制する要因がなくなった。

こうしてインフレ経済が進行するなかで、金融業の信用創造が行き詰まるようになった。その打開策として、アメリカの金融行政は預金金利規制を段階的に撤廃し、これを自由化した。一九八六年のアメリカの預金金利規制撤廃は、金融自由化への道を開いた。この金融自由化によって、銀行と証券会社は金融サービスを巡る競争を繰り広げ、金融ＩＴ化がこの競争に拍車をかけた。その結果として生まれた金融派生商品の中心が、証券化商品であった。一九八六年にクレジット・カード債権の証券化が始まる。二〇〇八年金融恐慌の直接のきっかけとなった、サブプライム・ローン証券化商品はこうした背景で登場したのである。サブプライム・ローン証券化商品が世界に広がったのは、多くの投資家がそこに手を出したからであるが、それは経済が地球的規模で低金利・カネ余り状態にあったからである。こうした地球規模でのバブル経済の要因について、浜矩子は、長期の日本のゼロ金利政策と量的緩和措置、それらが解除された後も続いてきた超低金利状態を重視している。すなわち「日本要因」である。

この視点は、エコノミストとしての浜矩子が、同時に、非妥協的な政策批判者であることにつながっている。アベノミクス＝アホノミクスという浜の造語は、言葉を通して、官邸や政策立案者・実行者たちと闘うために考え出された武器であるが、それは経済活動を少しでもまともな軌道に戻そうとする人間主義の表れなのである。

浜矩子が非正規労働者の現状に憤り、ゼロ金利と量的緩和によって金融資本の暴走に加担し、さらにそれを支えながらファシズム的な国家主義へとひた走り、「大東亜共栄圏」路線をなぞろうとする経済産業省の官僚たち、そして官邸に怒るのは、彼女にラディカルなヒューマニズムがあるからである。その点で浜矩子のパトスは、創成期の強欲資本主義を目の当たりにして義憤にかられた青年マルクスのそれと通じている。

ところで金融危機は、金融資本が実体経済から自立して独り歩きし、制御不能となった結果である。それはマルクスの『資本論』でいえば第三巻で主要に論じられる予定であった「利子生み資本」の運動の結果である。そして、この「利子生み資本」としての資本の現在形態を、浜は擬制資本として鋭く把握している。

利子生み資本＝擬制資本は資本主義そのものの本質から必然的にもたらされた形態である。それゆえ金融危機とそれを生み出した政策との闘いは、資本主義そのものの本質を暴くことと、そのつど政策を批判することの両面が必要となる。浜矩子のアホノミクス批判はそのような戦略にもとづいている。

同様の分析結果を、浜矩子とほぼ同じ論点を提起することで主張していたのが、ネオ・マルクス主義者であるアンドレア・フマガッリやサンドロ・メッザードラらである。彼らは『金融危機をめぐる10のテーゼ　金融市場・社会闘争・政治的シナリオ』（以文社、二〇一〇年）を、期せずして浜の『グローバル恐慌』とほぼ同時期に出版している。

未完の『資本論』、あるいは開かれたテキストとしての『資本論』

マルクスの『資本論』第一巻は一八六七年に出版された。「商品」とその価値形態論から始められる第一巻の構成は、マルクス自身も認めていたように、必ずしもわかりやすい記述ではない。しかしそれは考え抜かれた論理構成である。まったく異なる使用目的で生産された二つの商品が交換可能になるのはどうしてなのか。

古典派経済学の創始者たちであるアダム・スミスもリカードも、商品の価値が投下された労働の量によって決定されることは把握していた。しかし、この「価値」があくまで他の生産物との関係によって、社会的に決定されることの重大性は理解していなかった。

この「価値」は、例えば道徳の価値を語るときのように参照される永遠不変な、天上からやってくる観念ではない。社会の中の他の生産物との関係以外に「価値」を規定するものはない。商品の「価値」はそうして、それがつくられたそもそもの目的や生産者の意図とは関係なく運動し始め、他の商品との交換を繰り広げていく。

この自立的な商品の「価値」を表現する最たるものが貨幣である。ここで重要なのは、無限に世界に存在する事物を「商品」に、「価値」に変えていくこの運動である。資本制社会とは商品制社会であり、我々の労働の成果のすべては抽象的な「価値」に変えられていく。我々は我々の労働の成果を抽象的な商品の「価値」にすることなしに生きていけないが、その「価値」に私たちのありようが――人間性も――規定されてしまうのだ。

複雑な過程の説明を飛ばして簡単に言ってしまうと、資本とは我々の労働が作り出す剰余価値によって増殖する価値の運動なのである。利子生み資本もその資本の展開過程のなかで生まれる。利子生み資本は擬制資本であり、その利潤も擬制的である。しかしそこで生じた損失は、我々の労働や労働の成果としての財産によって埋め合わされる。しかも情け容赦なく。

マルクスは資本の運動全体を我々が思い浮かべて、誰でもその批判ができるようにするための構成を考えていた。我々は資本の運動の奴隷であるが、その運動の全体を理解し、思い浮かべることができれば、それを変えていく条件を考えられるし、何よりもこの時代を生き延びることができる。

だが、第二巻、第三巻を刊行することなく、マルクスの生涯は終わってしまった。彼が残した膨大な草稿にもとづいて、『資本論』第二巻と第三巻を仕上げたのはエンゲルスの功績である。しかし、エンゲルスがマルクスの資本制批判を正しく理解していたわけではない。現在、マルクスが残した草稿をもとに、『資本論』をマルクスのもともとの構想に従って再構成する作業が国際的に進められている。そもそも、第一巻でもすでに、マルクスの記述には混乱が見られる。それを論理的な整合性にもとづいて理解可能なものにしなければならない。

さらに、利子生み資本の運動を理解するためには、今日繰り広げられている金融資本のグローバルな運動や、通貨の役割を参照しなければならない。その意味で『資本論』は常にアップデートされるべき、開かれたテキストなのである。

そして、浜矩子の仕事は、経済政策分析のスペシャリストとして、とりわけ通貨危機に端を発する恐慌現象に早くから注目していた気鋭のエコノミストとして、このアップデートにおいて重要な役割を果たしている。浜矩子の仕事を通して、気付かないあいだに、我々は『資本論』の未完の部分を埋め、発展させる作業にかかわっているのである。

もうひとつ指摘しておきたいことは、本書は、金融危機以後の非正規労働者と派遣労働者の増大に対して、従来の労働運動にかわる、オルタナティブな社会運動の可能性に言及していることである。引きこもりの人々を受け入れる大阪・釜ヶ崎のセーフティネットのような運動が求められている。金融資本は私たちの生のすべてを直接的に収奪し、搾取する。我々はそれに対して、生のすべての場面で助け合い、闘っていく必要がある。浜矩子はそのための武器を我々に供給しようとしているのである。

最後に、この「解説」で言及したものの他に、『資本論』の理解を深めたい読者のための読書案内を付しておく。

『資本論』については、岩波文庫版、国民文庫版（大月書店）があり、新日本出版社からも刊行中である。

『資本論』未完の部分を理解するためには、大谷禎之介『マルクスの利子生み資本論』全四巻（桜井書店、二〇一六年）が最も重要である。また、井上康・崎山政毅『マルクスと商品語』（社会評論社、二〇一七年）は、大谷禎之介の資本論研究への橋渡しであり、『資本論』第一巻の商品論と価値形態論について重要な再読解を達成している。マルクス経済学者の立場からの金融恐慌とその後の経済政策批判としては、小西一雄『資本主義の成熟と転換　現代の信用と恐慌』（桜井書店、二〇一四年）がある。さらに、そうした経済分析を踏まえたオルタナティブな社会運動の案内として、今野晴貴・藤田孝典編『闘わなければ社会は壊れる〈対決と創造〉の労働・福祉運動論』(岩波書店、二〇一九年)所収の論文が参考になる。

晩年のマルクスが考えていた、来るべき社会運動・共産主義運動のあり方については、マルクスの読書ノートに重要なヒントが埋め込まれている。その構想を再構成しているのは、ケヴィン・B・アンダーソン『周縁のマルクス』(明石英人・佐々木隆治・斎藤幸平・隅田聡一郎訳、平子友長監訳、社会評論社、二〇一五年)である。

浜 矩子

1952年、東京都生まれ。一橋大学経済学部卒。三菱総合研究所初代英国駐在員事務所所長、同社政策・経済研究センター主席研究員などを経て、同志社大学大学院ビジネス研究科教授。エコノミスト。近著に『小さき者の幸せが守られる経済へ』(新日本出版社)、『「通貨」の正体』(集英社新書)、『大メディアの報道では絶対にわからない どアホノミクスの正体』(講談社+α新書、共著)などがある。

講談社+α新書 446-2 C

強欲《ごうよく》「奴隷国家《どれいこっか》」からの脱却《だっきゃく》

非正規労働時代をマルクスが読み解いたら

浜《はま》 矩子《のりこ》

2020年3月19日第1刷発行

発行者——渡瀬昌彦

発行所——株式会社 講談社

東京都文京区音羽2-12-21 〒112-8001

電話 編集(03)5395-3522

販売(03)5395-4415

業務(03)5395-3615

デザイン——鈴木成一デザイン室

カバー印刷——共同印刷株式会社

印刷——株式会社新藤慶昌堂

製本——牧製本印刷株式会社

定価はカバーに表示してあります。

落丁本・乱丁本は購入書店名を明記のうえ、小社業務あてにお送りください。

送料は小社負担にてお取り替えします。

なお、この本の内容についてのお問い合わせは第一事業局企画部「+α新書」あてにお願いいたします。

Printed in Japan

ISBN978-4-06-519244-3

講談社+α新書

工作員・西郷隆盛　謀略の幕末維新史　倉山　満
「大河ドラマ」では決して描かれない陰の貌。明治維新150年に明かされる新たな西郷像！　840円 781-1 C

2時間でわかる政治経済のルール　倉山　満
消費増税、憲法改正、流動する外交のパワーバランス……ニュースの真相はこうだったのか！　860円 781-2 C

「よく見える目」をあきらめない　遠視・近視・白内障の最新医療　荒井宏幸
劇的に進化している老眼、白内障治療。50代、60代でも8割がメガネいらずに！　860円 783-1 B

野球エリート　野球選手の人生は13歳で決まる　赤坂英一
根尾昂、石川昂弥、高松屋翔音……次々登場する新怪物候補の秘密は中学時代の育成にあった　840円 784-1 D

NYとワシントンのアメリカ人がクスリと笑う日本人の洋服と仕草　安積陽子
マティス国防長官と会談した安倍総理のスーツの足元はローファー…日本人の変な洋装を正す　860円 785-1 D

医者には絶対書けない幸せな死に方　たくきよしみつ
「看取り医」の選び方、「死に場所」の見つけ方。お金の問題……。後悔しないためのヒント　840円 786-1 B

もう初対面でも会話に困らない！口ベタのための「話し方」「聞き方」　佐野剛平
『ラジオ深夜便』の名インタビュアーが教える、自分も相手も「心地よい」会話のヒント　800円 787-1 A

人は死ぬまで結婚できる　晩婚時代の幸せのつかみ方　大宮冬洋
80人以上の「晩婚さん」夫婦の取材から見えてきた、幸せ、課題、婚活ノウハウを伝える　840円 788-1 A

サラリーマンは300万円で小さな会社を買いなさい　人生100年時代の個人M&A入門　三戸政和
脱サラ・定年で飲食業や起業に手を出すと地獄が待っている。個人M&Aで資本家になろう！　840円 789-1 C

サラリーマンは300万円で小さな会社を買いなさい　会計編　三戸政和
サラリーマンは会社を買って「奴隷」から「資本家」へ。決定版バイブル第2弾、「会計」編！　860円 789-2 C

名古屋円頓寺《えんどうじ》商店街の奇跡　山口あゆみ
「野良猫さえ歩いていない」シャッター通りに人波が押し寄せた！　空き店舗再生の逆転劇！　800円 790-1 C

表示価格はすべて本体価格（税別）です。本体価格は変更することがあります

講談社+α新書

世界の常識は日本の非常識 自然エネは儲かる！	吉原　毅	新産業が大成長を遂げている世界の最新事情を紹介し、日本に第四の産業革命を起こす一冊！	860円	801-1 C
人生後半こう生きなはれ	川村妙慶	人生相談のカリスマ僧侶が仏教の視点で伝える、定年後の人生が１００倍楽しくなる生き方	840円	802-1 A
明日の日本を予測する技術 「権力者の絶対法則」を知ると未来が見える！	長谷川幸洋	ビジネスに投資に就職に!!　６ヵ月先の日本が見えるようになる本！　日本経済の実力も判明	880円	803-1 C
人が集まる会社　人が逃げ出す会社	下田直人	従業員、取引先、顧客。まず、人が集まる会社をつくろう！　利益はあとからついてくる	820円	804-1 C
志ん生が語る　クオリティの高い貧乏のススメ　昭和のように生きて心が豊かになる25の習慣	美濃部由紀子	ＮＨＫ大河ドラマ「いだてん」でビートたけし演じる志ん生は著者の祖父、人生の達人だった	840円	805-1 A
精日　加速度的に日本化する中国人の群像	古畑康雄	日本文化が共産党を打倒した!!　対日好感度も急上昇で、５年後の日中関係は、激変する!!	860円	806-1 C
６つの脳波を自在に操るＮＦＢメソッド　たった1年で世界イチになるメンタル・トレーニング	林　愛理	スキージャンプ年間王者・小林陵侑選手も実践。リラックスも集中も可能なゾーンに入る技術!!	880円	807-1 B
古き佳きエジンバラから新しい日本が見える	ハーディ智砂子	遥か遠いスコットランドから本当の日本が見える。ファンドマネジャーとして日本企業の強さも実感	860円	808-1 C
戦国武将に学ぶ「必勝マネー術」	橋場日月	生死を賭した戦国武将たちの人間くさくて、ユニークで残酷なカネの稼ぎ方、使い方！	880円	809-1 C
さらば銀行　「第3の金融」が変えるお金の未来	杉山智行	僕たちの小さな「お金」が世界中のソーシャルな課題を解決し、資産運用にもなる凄い方法！	860円	810-1 C
ＩｏＴ最強国家ニッポン　日本企業が４つの主要技術を支配する時代	南川　明	レガシー半導体・電子素材・モーター・電子部品……ＩｏＴの主要技術が全て揃うのは日本だけ!!	880円	811-1 C

表示価格はすべて本体価格（税別）です。本体価格は変更することがあります

講談社＋α新書

世界のスパイから喰いモノにされる日本
MI6、CIAの厳秘インテリジェンス
山田敏弘
世界100人のスパイに取材した著者だから書ける日本を襲うサイバー嫌がらせの恐るべき脅威！
880円 822-1 C

空気を読む脳
中野信子
日本人の「空気」を読む力を脳科学から読み解く。職場や学校での生きづらさが「強み」になる
860円 823-1 C

ソフトバンク崩壊の恐怖と農中・ゆうちょに迫る金融危機
黒川敦彦
巨大投資会社となったソフトバンク、農家の預金等108兆を運用する農中が抱える爆弾とは
840円 824-1 C

表示価格はすべて本体価格（税別）です。本体価格は変更することがあります